ADOLPHE POUJOL

LE
KRACH SOCIAL

SOMMAIRE

Première partie : Les chevaliers de la plume. — La dépravation. — Anniversaire du 14 Juillet. — Le délire des moutons de Panurge. — Evolution théâtrale. — Le Théâtre-Français. — Décadence du théâtre en province. — Etude de mœurs. — Une princesse de brasserie. — Les impolitesses de notre époque. — Les cafés-concerts. — Comparaison entre deux chansons. — Le mensonge incarné.

Deuxième partie : La poésie de la vie. — Un tourbillon de pensées. — Les deux premières pensées, par Armand Hayem. — Notre cerveau. — Diverses. — Les riens. — Mots populaires. — Mᵐᵉ de Sévigné. — Le paysan. — Les enfants trop gâtés. — La mode. — La moitié. — Les nuages. — Friandise et coquetterie. — La valse. — La passion des femmes. — Excès de sensibilité. — Les tentations. — Le docteur Charles Masson. — Remède efficace. — Un quatrain chef-d'œuvre. — Auguste Vitu. — André Pezani. — L'homme d'esprit et la bête. — Bien avec tout le monde. — L'Etat débiteur de l'Eglise. — *Petits mémoires* de Jouhaud, auteur de six cents pièces. — La religion de Victor Hugo. — Erreur d'Octave Feuillet. — La véritable comédie. — Le krach agricultural. — Le déclassé. — Conseil de l'économiste Malthus. — Les soi-disant patriotes. — Napoléon Iᵉʳ. — Les pourquoi. — L'Académie française. — D'Ennery. — Députés et professeurs. — Collèges de femmes. — Division des lots. — Suppression des fortifications. — Les complices en amour. — Un testateur intelligent. — — Purgez donc Paris! — Les protestants sont-ils dans le vrai? — Le jeu, le vin et les femmes. — La passion préférable. — Avantage de la laideur. — Le cumul. — Electeurs trop jeunes. — Le krach religieux. — Le savant libre-penseur. — Réponse du Père Lemoigne, jésuite. — L'envers de Paris. — Regrets d'un vieux Parisien. — Les dangers de la rue. — Une deuxième armée du salut. — Loi favorable au vol. — Krach social de la bourgeoisie. — Méfiance continuelle. — La musique partout. — Paris, capitale du monde. — Vitalité des Français. — Aurons-nous le krach du matérialisme? — La véritable philosophie. — L'avenir. — La femme légère fin de siècle et de tous les siècles. — Le bonheur d'un bibliophile. — L'amour-propre. — Les conservateurs. — Un théâtre modèle.

PARIS

Magasin Théâtral, BARBRÉ, Éditeur
13, BOULEVARD SAINT-MARTIN, 13

1892

LE
KRACH SOCIAL

KALÉIDOSCOPE

Une partie des Ouvrages d'ADOLPHE POUJOL

La Visite domiciliaire, 1 acte (au Gymnase).
Le Château de Verneuil, 5 actes (à la Gaîté).
L'Amour et l'Honneur (Théâtre Moderne).
Les deux Baigneuses de Dieppe (Théâtre de Dieppe).
Le Meurtrier royal, 3 actes, drame tiré de Lord Byron.
La Reine Fantôme, avec Théodore Barrière.
Je suis morte (drame).
Marie Stuart (monologue).
Monsieur Jean.
Les Hypnotiseurs (Bordeaux).
Les Arguments de Lucrèce.
L'Art de gouverner les femmes.
La Maladie d'Azor.
Un Amoureux électrique.
A laver la tête d'un âne.
La Boîte d'Edison.
Le Roi Bébé.
Il n'y a point de folles amours.
Les Confidences d'un perroquet.
Le Chaos.
Les Comédiennes d'aujourd'hui.
La Canne du Tambour-Major
Les Domestiques incohérents.
Les Casquettes de mon parrain.
La Cocotte à l'aile coupée.
Divorcez ou la Femme à deux maris.
Le Docteur Johnson.
Le Démon de l'argent.
Les Dangers de la valse.
Une drôle de Marquise.
Je veux me distraire.
Le 10 décembre.
Une Emotion à travers une serrure
Un Jobard de tous les temps.
Mon Bonnet de nuit.
La Lumière dans les ténèbres.
Un Mari en location.
La Nymphe de l'Opéra.
A l'oiseau son nid.
Elle l'ôtera, elle ne l'ôtera pas.
Un Mari incomplet.
Un Prince de théâtre.
Le Portrait impossible.
Le Démon en voyage.

La Pâtissière de Darmstadt.
Picotin ou les Suites d'un bon déjeuner.
Une Révolution dans les idées.
Les Remords d'un assassin.
Le Secret du bonheur.
Un Spécifique contre l'amour.
Timide en amour.
Les Tisons sous la cendre.
Le Tribunal d'un époux.
Les deux Turcs.
La Trichinose.
La Vengeance d'un revenant.
L'Escapade de la générale.
Avis aux maris trompés.

Romans
Nouvelles sans longueurs
Conférences

Le Cimetière d'Ivry, avec M. Heuzé directeur de la *Correspondance littéraire*.
Petits Mémoires curieux d'Auguste Jouhaud, terminés par Ad. Poujol.
Voyages intimes et pratiques, Vie et Aventures d'un homme sensible
La Folie d'écrire, mœurs fin de siècle.
Un Cas de conscience.
Un Mari de l'autre monde.
L'Aumône de l'ouvrière.
Une Demoiselle en loterie.
Les Diamants de la Couronne.
Le Médecin sourd-muet.
Je sais tout.
Un Trio de chefs-d'œuvre.
Les Points sur les *i*.
Le Château de la mort.
Les Mariages américains.
Jane Patrick.
La nouvelle Cendrillon.

Théâtre de la jeunesse

Un premier pas dans le monde.
Les deux Roses.
Le Dernier des Stuarts.
Le Cœur d'une Fille.
Le Fils du pêcheur.
La Comédie des fleurs.

3-92. 814 — Paris. Typ. Morris Père et Fils, rue Amelot, 64.

ADOLPHE POUJOL

LE
KRACH SOCIAL

SOMMAIRE

Première partie : Les chevaliers de la plume. — La dépravation. — Anniversaire du 14 Juillet. — Le délire des moutons de Panurge. — Evolution théâtrale. — Le Théâtre-Français. — Décadence du théâtre en province. — Etude de mœurs. — Une princesse de brasserie. — Les impolitesses de notre époque. — Les cafés-concerts. — Comparaison entre deux chansons. — Le mensonge incarné.

Deuxième partie : La poésie de la vie. — Un tourbillon de pensées. — Les deux premières pensées, par Armand Hayem. — Notre cerveau. — Diverses. — Les riens. — Mots populaires. — Mᵐᵉ de Sévigné. — Le paysan. — Les enfants trop gâtés. — La mode. — La moitié. — Les nuages. — Friandise et coquetterie. — La valse. — La passion des femmes. — Excès de sensibilité. — Les tentations. — Le docteur Charles Masson. — Remède efficace. — Un quatrain chef-d'œuvre. — Auguste Vitu. — André Pezani. — L'homme d'esprit et la bête. — Bien avec tout le monde. — L'Etat débiteur de l'Eglise. — *Petits mémoires* de Jouhaud, auteur de six cents pièces. — La religion de Victor Hugo. — Erreur d'Octave Feuillet. — La véritable comédie. — Le krach agricultural. — Le déclassé. — Conseil de l'économiste Malthus. — Les soi-disant patriotes. — Napoléon Iᵉʳ. — Les pourquoi. — L'Académie française. — D'Ennery. — Députés et professeurs. — Collèges de femmes. — Division des lots. — Suppression des fortifications. — Les complices en amour. — Un testateur intelligent. — — Purgez donc Paris ! — Les protestants sont-ils dans le vrai ? — Le jeu, le vin et les femmes. — La passion préférable. — Avantage de la laideur. — Le cumul. — Electeurs trop jeunes. — Le krach religieux. — Le savant libre-penseur. — Réponse du Père Lemoigne, jésuite. — L'envers de Paris. — Regrets d'un vieux Parisien. — Les dangers de la rue. — Une deuxième armée du salut. — Loi favorable au vol. — Krach social de la bourgeoisie. — Méfiance continuelle. — La musique partout. — Paris, capitale du monde. — Vitalité des Français. — Aurons-nous le krach du matérialisme? — La véritable philosophie. — L'avenir. — La femme légère fin de siècle et de tous les siècles. — Le bonheur d'un bibliophile. — L'amour-propre. — Les conservateurs. — Un théâtre modèle.

PARIS

Magasin Théâtral, BARBRÉ, Éditeur

13, Boulevard Saint-Martin, 13

1892

NOTE DE L'ÉDITEUR

ADOLPHE POUJOL est né à Paris le..... A quoi bon donner une date qui n'existe que sur les registres de l'état civil.

L'âge est presque un préjugé, surtout si l'esprit a gardé les roses du printemps avec les fleurs d'automne, déjà un emblème de l'expérience.

Adolphe Poujol, qui a marché sur les traces de son père, auteur de l'*Homme gris* et des *Deux Forçats*, a composé au moins une centaine de comédies, représentées sur différentes scènes. C'est lui *seul* qui a ouvert les portes à *Théodore Barrière* en le prenant pour collaborateur.

Travailleur infatigable et passionné pour la littérature de bon goût, il a été rédacteur dans plusieurs journaux et revues. Une de ses qualités est d'être concis, de dire beaucoup de choses en peu de mots. En place de romans, il a écrit des nouvelles renfermant, toutes, une idée virginale.

Enfin, avec sa plume fine et délicate, il s'est rangé parmi les courageux rédacteurs du *Phare*, pour combattre avec eux les œuvres abjectes et le langage ignoble qui abaissent l'esprit de la masse et lui enlèvent sa dignité.

PREMIÈRE PARTIE

CHAPITRE PREMIER

LES CHEVALIERS DE LA PLUME

Ces chevaliers, mille fois plus nombreux que ceux de la Légion d'honneur, se multiplient d'une manière incroyable, mais l'esprit, en se propageant, n'est pas toujours comme la flamme qui grandit ; au lieu de flammes, nous avons des flammèches et des étincelles.

« Frappez, dit l'Évangile, il vous sera ouvert ! »

Il serait plus rationnel de dire :

« Des myriades d'appelés, peu d'élus. »

Les uns prétendent que la littérature est en décadence ; les autres qu'elle n'a jamais été plus resplendissante.

Il est facile de se convaincre que parmi ce fatras de productions, des œuvres de valeur passent inaperçues.

Quelle fourmilière de déclassés s'efforcent vainement de trouver un éditeur et surtout un impresario bienveillant!

Les débutants ont beaucoup moins de chance qu'autrefois, de faire représenter leurs œuvres dramatiques.

Plusieurs théâtres composaient jadis un spectacle avec des vaudevilles en un ou deux actes, quelques-uns étaient remplacés presque tous les mois.

Les petites pièces ne sont aujourd'hui qu'un lever de rideau, pendant lequel arrive le public; on le supprime, même souvent.

On trouve parfois dans des petites comédies une idée originale qu'on n'est pas certain de découvrir dans une pièce en cinq actes où il n'y a que du remplissage.

Presque tous les vaudevilles de *Scribe* sont des chefs-d'œuvre, renfermant peintures de mœurs et intrigues attachantes.

Les grandes pièces à succès sont jouées ordinairement toute la saison d'hiver et reprises l'année suivante; les théâtres ferment une partie de l'année. Comment l'inconnu parviendra-t-il à glisser son œuvre théâtrale, malgré l'esprit qu'elle renferme ? Les revues, ces comédies populaires, envahissent les scènes les plus inférieures.

Autrefois, le répertoire était d'une variété infinie, on jouait plus de quarante pièces par an, au Vaudeville, au Gymnase et aux Variétés.

Si le jeune chevalier de la plume n'a ni fortune, ni protection, s'il n'est pas mis en évidence par des journaux influents, il restera dans l'ombre, car il n'est pas de la coterie qui a la formule suivante : « Je te vante, tu me vanteras, nous nous vanterons. » Faut-il considérer les journalistes comme des juges suprêmes, parce que leurs idées sont imprimées ?

Chaque discours prononcé sur la tombe d'une célébrité annonce que la France est plongée dans la douleur... La France se console facilement.

Quelques grands génies, à la vérité, sont immortels, a-t-il fallu aussi qu'ils fussent favorisés par la chance ?

En considérant tous les trésors des siècles passés qui sont accumulés dans les bibliothèques, on songe avec mélancolie que le plus grand nombre des livres n'est jamais ouvert, à moins que ce soit par des plagiaires, et par conséquent, les noms de leurs auteurs restent inconnus.

Pour ne pas éprouver une désillusion, il faut donc aimer la littérature pour elle-même, comme un père aime son enfant, sans compter sur la renommée et les bénéfices que devrait procurer un travail incessant.

C'est un plaisir et une satisfaction de l'amour-propre qu'on se procure, ne faut-il pas payer toutes les passions ?

L'amour de la littérature, cette effervescence du cerveau, vous fait éprouver un besoin irrésistible d'émettre vos idées et de les exprimer de différentes manières, enfin de les propager indéfiniment. Vous voulez être *quelqu'un*, avoir la réputation d'un esprit d'élite, mais bien souvent, votre célébrité ne sort pas du cercle où vous êtes acclamé; quand vos ouvrages se vendront, alors vous ne serez plus confondu dans la foule.

La culture des belles-lettres est sans contredit bien moins utile que celle de la terre, cependant elle porte ses fruits, si elle a pour but de combattre les aberrations et de faire rayonner la vérité. Vous me direz : « Chacun s'imagine être dans le vrai, il faut admettre toutes les opinions. » Alors, il n'y a donc pas de différence entre le bien et le mal.

La littérature qui transporte l'auteur dans une vie idéale lui apporte une trève aux soucis quotidiens, il peut aussi se sentir fier d'être supérieur au vulgaire.

Le meilleur juge n'est-il pas l'expérience, cette science de la vie que tout le monde ne peut acquérir?

J'avoue que j'ai la passion d'écrire. Obéissant à ma fantaisie, j'aborderai *avec hardiesse* et en peu de mots *tous les sujets*, sans avoir la prétention de persuader les ignorants obtus et les gens de mauvaise foi.

CHAPITRE II

LA DÉPRAVATION

On parle sans cesse de la corruption des grands seigneurs du siècle dernier, elle est descendue dans toutes les classes de la société moderne.

Une des principales causes de la démoralisation est attribuée à certaines libertés malfaisantes dont nous sommes fatalement dotés, elles sont devenues de la licence.

Des livres obscènes ne font qu'exciter à la débauche une jeunesse déjà disposée à la corruption ; chansons ordurières, monologues d'un naturalisme érotique, tout semble conspirer pour pervertir la masse, et lui donner un langage de mauvais goût et même ignoble.

Des littérateurs d'un talent dangereux, des hommes politiques haut placés propagent par leur exemple et leurs écrits le matérialisme. Se doutent-ils de l'abîme qu'ils creusent pour l'avenir? Dans leur haine implacable contre le catholicisme et craignant de perdre une belle position, ils affaiblissent graduellement la foi religieuse, la plus grande consolation de notre pauvre humanité, que donneront-ils à la place?

Il est à craindre qu'une faible minorité reste seulement dans le domaine du beau; ne soyons pas étonnés de l'augmentation effrayante des attentats les plus odieux, une des conséquences de l'athéisme.

L'âme étant considérée comme une chimère, le criminel qui, certainement, n'a pas de conscience, se dit: « Je ne suis qu'un animal luttant contre un autre animal. »

C'est la chasse de l'homme à l'homme, il faut par tous les moyens, satisfaire ses appétits sensuels. Un peuple qui sort de l'état sauvage, institue un gouvernement quelconque, il nomme des chefs dont le premier devoir est de protéger la société contre le désordre et les crimes.

Quel mensonge, quelle dérision que ce mot creux « Fraternité » écrit sur les monuments!

Les ennemis de l'intérieur sont plus à craindre que ceux de l'extérieur. Si chaque citoyen agit à sa guise, il n'y a plus de gouvernement. Il vaut mieux conjurer le mal avec une main ferme que de le punir quand il a fait des victimes.

Comment empêcher l'accroissement des forfaits? Il faudrait tout d'abord des lois plus sévères et une instruction où il ne serait pas défendu de prononcer *le mot Dieu*. Les instituteurs d'autrefois avaient la liberté de faire commencer la classe par une courte prière pouvant s'appliquer à toutes les croyances, c'était au moins pour élever les élèves au-dessus de la matière et leur inspirer l'idée divine qui n'existe pas chez des parents athées. Un gouvernement qui veut n'avoir rien à se reprocher doit, par tous les moyens, favoriser les principes de moralité. Etait-il nécessaire de supprimer entièrement *Dieu* dans les écoles ?

Quel avenir préparent à la société ces criminels précoces pour lesquels la justice montre une si grande indulgence, ainsi que pour les récidivistes chargés de condamnations et qu'on garde à Paris ?

Le revolver, arme offensive et défensive, devient usuel même chez des femmes, n'est-ce pas un retour à l'état barbare ?

Autant nous admirons les progrès merveilleux de la science, autant nous *déplorons ceux* de la dépravation.

CHAPITRE III

ANNIVERSAIRE DU 14 JUILLET

SOUVENIR D'UN MASSACRE

Fêter un tel souvenir est une insanité ; le vulgaire, incapable de réfléchir, ne pense qu'à danser, à crier, à lancer des pétards dans cette bonne ville de Paris, la plus révolutionnaire du monde entier.

Des historiens haineux écrivent avec leurs passions ou bien ont intérêt à dénaturer les faits, ils trompent toujours la masse avec des mots ronflants. Les tortures exercées sur les prisonniers de la Bastille sont très exagérées ; des détenus étaient même traités avec bienveillance, il faut détruire une opinion erronée. Ce n'étaient pas les prolétaires qu'on enfermait, mais des nobles, des pamphlétaires, tels que Latude et autres écrivains ; Rochefort aurait été certain d'être incarcéré pendant toute sa vie. Vous déplorez sans le savojr les châtiments imposés à cette noblesse dont vous détestez la mémoire, quelle contradiction ! On a égayé le théâtre par les lettres de cachet qu'on ne peut pas approuver, mais qui n'étaient pas dirigées contre les classes inférieures.

Rétablissons maintenant l'entière vérité : la démolition de la Bastille était décidée ; on devait la remplacer par un jardin public. Elle ne renfermait en 1789 que sept prisonniers dont quatre faussaires et trois fous.

Camille Desmoulins monte sur une chaise, au Palais-Royal et, prononçant un discours véhément, il engage tous ses auditeurs à démolir la Bastille. Une troupe devenue furieuse et enflammée par les paroles de l'orateur court assiéger la Bastille qui ne causait aucun dommage à la populace effrénée et idiote.

Le gouverneur Delaunay, dont le devoir était d'abord de défendre la forteresse, finit par capituler, après la promesse des assiégeants d'avoir la vie sauve et celle des quatre-vingts invalides et des trente gardes suisses.

Les bandes sanguinaires, au mépris de la convention, massacrent une partie de la garnison ; des forcenés coupent la tête du gouverneur, on la pose au bout d'une pique et on la promène en triomphe dans tout Paris.

Quel triste mérite : la violation de la parole ! La belle victoire ! Entrer dans la citadelle par les portes ouvertes ! Avec quelle avidité ces énergumènes ont réclamé des récompenses qui leur ont été accordées.

Tel est l'anniversaire que célèbrent les Français. Les Français ! le peuple le plus aimable, quand il ne se met pas en révolution, et depuis un siècle, combien de fois a-t-il changé de gouvernement ? Espérons qu'on ne fera pas de pension aux communards et à leurs descendants, pour les récompenser d'avoir brûlé des monuments et fusillé des prêtres.

N'a-t-on pas déjà élevé une statue à Danton qui a ordonné le massacre des prisonniers ? C'est un signe du temps.

D'autres anniversaires auraient satisfait toutes les opinions. Ne pouvions-nous pas célébrer l'anniversaire d'une grande victoire glorieuse, nous n'avions que l'embarras du choix. Le patriotisme et le courage sont encore restés intacts dans le cœur des Français.

CHAPITRE IV

LE

DÉLIRE DES MOUTONS DE PANURGE

Un des plus grands ridicules de notre siècle et qui existe dans tous les pays, surtout en Italie, c'est l'enthousiasme exagéré aux concerts, aux théâtres et dans les journaux pour certains artistes qui n'ont pas même toujours une valeur réelle.

Entendez-vous les cris frénétiques des *bis*, les battements de mains qui écorchent les oreilles délicates ? Je comprends le bacchanal de la claque, mais pas celui d'un public payant.

Une minorité tapageuse donne le signal des trépignements et des nombreux rappels, la majorité obéit, imitant les singes et les perroquets. Que de grimaces ! Que de mines ridicules ! Combien de gens sont incapables d'avoir une opinion à eux !

Au lieu de ce bruit infernal, une salve d'applaudissements et un rappel suffiraient pour rendre hommage au véritable talent qui est ordinairement très rétribué.

Les favoris de la mode, élevés sur un piédestal, remplacent en France les souverains d'autrefois dont la liste civile, au moins, favorisait les arts et les belles-lettres.

Les admirateurs des artistes se donnent par leur extase exagérée, des armes contre eux-mêmes. Les gens sensés subissent les conséquences de ce fanatisme, car les idoles insatiables augmentent de plus en plus leurs prétentions pécuniaires, sous prétexte que les dépenses grandissent chaque jour. Leurs appointements sont quintuplés, tandis que la vie n'est réellement augmentée que de moitié. La proportion n'existe pas.

Les directeurs se trouvent obligés de mettre les places à un taux inabordable pour les petits bourgeois relégués tout en haut de la salle.

Les étrangers offrent à nos comédiens des sommes fabuleuses qu'ils s'empressent d'accepter, l'amour de l'argent remplace celui de la patrie. Ils ont reçu gratuitement une instruction musicale au Conservatoire. L'ingratitude est à l'ordre du jour. Ils ne s'inquiètent pas du tort qu'ils peuvent faire au commerce de Paris, car les habitants des autres pays n'ont pas besoin de venir dans notre capitale pour les connaître et les admirer.

Favorisons des débutants qui ne sont pas encore parvenus à la célébrité, sans leur donner cependant trop d'amour-propre par notre enthousiasme et nos extases impatientantes.

Est-il rien de plus singulier que d'applaudir des chanteurs presque après chaque duo ? On interrompt l'action. C'est aussi ridicule de faire relever le rideau après chaque acte pour applaudir les artistes ; quelquefois, un mort ressuscite, l'illusion est encore détruite. Attendons la fin de la pièce pour le rappel ; on serait tenté de croire que le cerveau du public est détraqué comme le temps.

Réservons notre admiration pour ces bienfaiteurs qui consacrent leur vie aux découvertes scientifiques et leur fortune à soulager le malheur.

CHAPITRE V

ÉVOLUTION THÉATRALE

La comédie est aujourd'hui dans un état de transformation, une sorte de naturalisme représentant toutes les phases de la société moderne.

Est-ce donc un véritable miroir ? Si l'on ne retrace que les exceptions, ce n'est plus une comédie mais une pièce de fantaisie.

Le succès est dû parfois à une idée libidineuse, bien entendu, quand elle est présentée avec esprit.

La société ne présente que des contradictions. Des mères de famille mènent leurs jeunes filles entendre une pièce graveleuse, pourvu que ce soit dans un théâtre de bonne compagnie, les innocentes prennent des leçons d'amour ; nos ancêtres, plus sévères que nous, en apparence, n'auraient pas toléré le dévergondage sur une scène fashionable.

Le public blasé est devenu semblable à un homme qu'on accoutume par degrés aux liqueurs les plus fortes ; son goût usé plutôt que raffiné accepte toutes les inconvenances, toutes les impossibilités, pourvu qu'il y ait des mots très risqués dans le caquetage du dialogue. « Tous les genres sont bons excepté le genre ennuyeux », m'objectera-t-on. Un grand mérite d'un auteur dramatique serait de ne pas s'éloigner du bon sens. On s'attache plutôt à l'esprit du dialogue qu'à l'intrigue, on s'inquiète peu du dénouement qui devrait exciter la curiosité, être le problème résolu. Beaucoup d'ouvrages nouveaux sont écrits sur le même modèle : maris trompés, femmes adultères, quiproquos, imbroglios sans fin, beaucoup de lazzi — pas d'idées nouvelles. En voyant plusieurs pièces, on croirait assister à la même. Des romans mis au théâtre, des drames en cinq actes qu'on réduirait facilement en trois. D'un autre côté, des chefs-d'œuvre, car le théâtre est parvenu à son apogée ; nous possédons quelques auteurs, colosses littéraires qu'on pourra égaler, mais il sera difficile de les surpasser.

Le Théâtre-Libre a créé des insanités hardies. L'art n'a rien à gagner avec des situations et un langage que le bon goût répudie ; seulement, il a ouvert une place à ceux qui ne peuvent se faire jouer ailleurs, c'est une réclame pour leurs noms.

CHAPITRE VI

LE THÉATRE-FRANÇAIS

Ce théâtre nommé aussi la Comédie-Française, parce qu'on pensait y trouver la véritable comédie de mœurs, a perdu une partie de son prestige et de sa spécialité.

Ses pièces, maintenant, ne sont plus supérieures à celles des autres théâtres et, comme preuve, il monte des comédies déjà jouées ailleurs. Il avait le droit suprême de prendre partout les artistes en renom, de sorte qu'il possédait une pépinière de talents, les petits rôles étaient remplis par des célébrités. Le Gouvernement lui attribue une forte subvention pour soutenir sa grandeur et sauvegarder les chefs-d'œuvre des anciens auteurs.

Le prix d'un certain nombre de places n'est plus à la portée des jeunes gens peu fortunés, le tiers du parterre a été supprimé pour être réuni aux fauteuils d'orchestre dont le prix est beaucoup trop élevé.

Autrefois, on ne jouait la pièce nouvelle que trois fois par semaine, les autres soirées étaient réservées au répertoire des nouveautés et aux ouvrages des auteurs classiques qui ont contribué à la gloire du Théâtre-Français et que les sociétaires négligent, à l'exception de quelques comédies de Molière et elles sont presque toujours les mêmes.

J'ouvre un almanach des spectacles de 1829 et je trouve au répertoire de l'année cent trente pièces. Comparez le présent avec le passé. Par suite du petit nombre de pièces nouvelles et de la négligence à jouer les anciennes, les habitués quotidiens de l'orchestre ont dû renoncer à leurs entrées. C'étaient des gens d'esprit, rappelant dans une aimable causerie les souvenirs du passé théâtral et l'examen des œuvres modernes. Ils sont remplacés par une société de choix qu'on appelle faussement le Tout-Paris dont les membres sont fiers de voir citer leurs noms dans les journaux à la mode. Au lieu de parler, ils *posent*.

Le Théâtre-Français suivant une coutume absurde, commence assez souvent trop tard, qu'importe si la salle n'est pas d'abord remplie. Pourquoi supprimer une première pièce pour les gens de loisir qui paient par le fait, leur place plus cher, on leur donne un spectacle moins complet? En outre, ce serait favorable à des jeunes artistes qui n'ont pas souvent l'occasion de se produire.

2.

CHAPITRE VII

DÉCADENCE DU THÉATRE

EN PROVINCE

La décadence est complète, surtout dans les petites villes; les conseillers municipaux qui sont de véri-
tables tyrans, ont supprimé les subventions théâtrales;
ils prennent pour prétexte que des troupes en tournée
sont suffisantes. Elles ne colportent presque toujours
que la nouveauté en vogue; les habitants jouissent
seulement du spectacle, qu'une fois par mois, tandis
que jadis, ils avaient une troupe régulière à laquelle
ils s'intéressaient; elle jouait pendant les trois quarts
de l'année, elle avait un répertoire nouveau et ancien :
étude littéraire pour former le goût et l'esprit du
public.

Les jeunes gens n'ont aujourd'hui pour distraction, en province, que des petits cafés-concerts où le matérialisme est dans toute sa plénitude. On a le plaisir sensuel de causer de très près avec les chanteuses. On défend la représentation de certaines pièces et on permet des chansons obscènes.

La comédie est sans contredit une des distractions les plus intelligentes, tandis que la musique s'adresse surtout aux dilettantes.

Un député a demandé *vainement* à la Chambre une subvention pour favoriser la décentralisation des œuvres dramatiques, de manière à mettre en évidence quelques œuvres de mérite, ce serait aussi une heureuse variété dans la vie monotone de province.

C'est rare qu'une bonne idée soit adoptée par la Chambre.

CHAPITRE VIII

ETUDE DE MŒURS

PARIS GROTESQUE
UNE PRINCESSE DE BRASSERIE

La voyez-vous, toute pimpante, faire son entrée dans le palais du plaisir ? Pour se rendre populaire, elle se déguise en servante et ne dédaigne pas de mettre le sac et le tablier. La voici prête à recevoir l'offrande la plus minime en échange d'un gracieux sourire.

C'est dans son palais qu'on mène une joyeuse vie, aucune gêne, on entend la langue verte et l'argot, la jeunesse complète son éducation laïque.

Employés de toutes catégories, provinciaux et viveurs de tous les âges viennent chercher les délices du paradis de Mahomet : on joue, on chante avec les

houris qu'on peut comparer aux tonneaux des Da-
naïdes.

La princesse est toujours altérée ; d'ailleurs, pour
favoriser le commerce, elle lève force impôts sur tous
ses adorateurs, en se faisant payer un nombre infini
de liquides et de très petites tasses de lait à 60 centimes.

Le champagne surtout fait pousser des hurrahs, on
obtient en retour une tendre promesse avec la faveur
de tutoyer et d'être tutoyé.

Tout le beau sexe au-dessus des préjugés n'est
pas capable d'occuper cette position élevée.

Il faut être doué d'une vigoureuse santé, avoir un
gosier de fer et un estomac de caoutchouc. Quant au
moral, il faut avoir en réserve une foule de petites
ruses pour entretenir dans une douce espérance les
chevaliers du bock et du cigare, fiers d'être appelés
par leur petit nom.

Jamais au grand jamais, les Alphonse, les Alfred,
les Henri, etc., ne sortiront du temple de Vénus sans
avoir réclamé l'honneur d'une poignée de main.

A deux heures du matin, se ferment les portes du
palais, une garde d'élite accompagne Sa Majesté jusqu'à son domicile royal. Le favori ne fait pas toujours
partie de l'aristocratie du bon ton : « Qui se ressemble s'assemble. »

Le système de la communauté rêvée par les anarchistes règne dans toute sa plénitude. Gardez-vous de
faire une mine piteuse, lorsque la princesse, après
vous avoir entraîné à la dépense, vous quitte pour

recommencer avec un autre de ses sujets la comédie qu'elle vient de jouer avec vous. Noblesse oblige, elle se rend populaire.

Aux gens sévères (et ils sont rares aujourd'hui), on répond : « Les hommes remplissent assez de places, c'est aux femmes à prendre quelques-unes des leurs ; d'ailleurs, la vue de jolies filles n'est-elle pas préférable à celle des garçons ? »

Plaisantez, amusez-vous avec ces aimables joujoux, mais n'oubliez pas que les roses cachent des épines.

Il faut ajouter qu'on en voit un certain nombre de laides et de communes. Tant mieux si elles ne sont pas toutes comme les houris du paradis de Mahomet, elles seront moins dangereuses pour les visiteurs, quoiqu'ils n'aient pas tous les goûts distingués et délicats. Pourvu que ce soit une femme, cela suffit à certains hommes.

CHAPITRE IX

Les impolitesses de notre époque. — Les cafés-concerts

LES IMPOLITESSES DE NOTRE ÉPOQUE

Les impolitesses s'infiltrent de plus en plus dans nos mœurs, l'affaiblissement des relations sociales en est une des conséquences.

Prenons quelques exemples, nous n'avons que l'embarras du choix :

Vous écrivez à un personnage plus ou moins élevé, vous avez soin de mettre un timbre dans la lettre, et assez souvent, on garde le silence et le timbre. Les directeurs de théâtre répondent rarement à des inconnus, il serait si facile d'écrire quelques mots, n'est-ce pas l'emploi d'un secrétaire?

Les artistes en faveur pratiquent rarement la politesse et se croient trop grands pour répondre aux lettres.

Je ne puis maintenant m'empêcher de relater une impolitesse qui surpasse beaucoup d'autres. Un de mes amis, auteur d'un grand nombre de pièces, s'imagina d'avoir une chance d'être joué en présentant au directeur d'un petit théâtre, une comédie renfermant l'éloge d'*Edison*, un des plus grands inventeurs du monde entier. Le directeur déclare que l'Américain déplaît maintenant à la France parce qu'il a trouvé Berlin une belle ville ; mon ami attribue cette réponse stupide à un patriotisme mal placé. Quelques mois après, ayant toujours la toquade de se faire jouer, n'importe où, à cause de la concurrence, il apporte au même individu une comédie ayant pour titre les *Hypnotiseurs ;* c'était une actualité. L'impresario le reçoit au pied levé, n'ayant d'abord aucun égard pour son âge respectable et son répertoire d'ouvrages à succès, il s'écrie : « L'hypnotisme est passé de mode, on n'en parle plus. » Puis, après avoir donné ce spécimen de son ignorance, il devient tout à fait grossier en ajoutant : « D'ailleurs, je ne veux représenter que de bonnes pièces comme celles de ce pauvre Labiche. » Il verse une larme de crocodile. Enfin, sans vouloir prendre seulement la comédie sur l'hypnotisme, il conclut en disant : « Je ne joue que les pièces qui ont obtenu un grand succès. » Notez que le public qui fréquente ce petit théâtre à bon marché, s'inquiète fort peu des anciennes comédies, quand les nouvelles l'amusent.

Vous annoncez à un ami d'occasion la mort récente de votre père. L'ami prend d'abord un air de circonstance, en disant : « Quel âge avait-il donc ? » Vous répondez : « Quatre-vingts ans. » Le questionneur reprenant son usage naturel s'écrie : « Oh ! Il était bien âgé. » Cela veut dire : « Il avait fait son temps. » Perdre ses parents est un des grands malheurs ; quel que soit leur âge, on a pris l'habitude de les aimer de plus en plus.

Place aux jeunes ! Les vieux ont fait leur temps ! Tels sont les cris proférés par des imbéciles ou des envieux.

Le génie ne vieillit pas ; considérez seulement les œuvres qu'il enfante, sans regarder l'auteur.

Un écrivain offre son dernier ouvrage à son confrère, il s'attend à quelque observation bienveillante. Erreur. Les feuilles du volume ne sont pas même coupées et souvent, il orne l'étalage d'un bouquiniste.

Vous vous apprêtez à donner une soirée ; un de vos invités vous interroge sur les personnes que vous devez recevoir, mais vous ne pouvez lui citer une célébrité... il ne viendra pas, soyez-en certain. L'amphitryon n'est plus qu'un maître de cérémonie.

Rendant une visite, je suis reçu amicalement. Un monsieur, sans me regarder, continue la conversation. Comme le sujet m'intéresse, je donne mon opinion ; le visiteur ne me répond pas, il sort sans m'avoir favorisé d'un regard. A la vérité, je ne lui étais pas présenté suivant la coutume anglaise assez drôle ! On pourrait supposer cependant, qu'on n'accueille pas des êtres peu estimables.

Remarquons le sans-gêne dans les cafés-concerts, l'ancienne galanterie française y est supprimée, des hommes assis devant des dames ôtent rarement leurs chapeaux. Au théâtre, on les oblige à être plus polis. A force de prendre des allures de liberté, on s'écarte du bon ton.

LES CAFÉS-CONCERTS

Les cafés-concerts auraient dû être toujours des spectacles composés de chansons honnêtes et de petites pièces, à trois ou quatre personnages expressément inédites, pour favoriser des auteurs ne pouvant placer leurs œuvres sur des grands théâtres.

Les auteurs en renom ont déjà assez de chance de se faire jouer dans toutes les villes de province et à l'étranger sans qu'on leur permette d'envahir encore les concerts.

CHAPITRE X

COMPARAISON ENTRE DEUX CHANSONS

La plupart des habitués du concert aiment ce qu'ils appellent le *rigolo;* ils préfèrent une pièce obscène et inepte à une comédie délicate et spirituelle qui devrait remplacer plusieurs chansons dont souvent on ne comprend pas les paroles. On ne perd pas grand'chose il est vrai.

Comparons les chansons des deux fins de siècle.

MON CŒUR ET TOI

Mon cœur et toi !
Quel heureux et cher assemblage !
Mon cœur et toi !
C'est tout mon bien, c'est deux fois moi ;

Oh ! de l'amour charmant servage,
On devine à leur doux langage
         Mon cœur et toi !

         Mon cœur et toi,
Liés d'une éternelle chaîne ;
         Mon cœur et toi,
Du seul amour suivent la loi.
L'un à l'autre tout vous ramène,
L'un vers l'autre, tout vous entraîne
         Mon cœur et toi !

         Mon cœur et toi
Sur terre exigent peu d'espace !
         Mon cœur et toi
Semblent se concentrer en moi.
Un même réseau vous enlace,
Vous occupez la même place
         Mon cœur et toi !

         Mon cœur et toi
Trouveraient-ils qui leur ressemble ?
         Mon cœur et toi
Palpitent d'un commun émoi.
Peines, plaisirs, tout nous rassemble ;
Même ardeur semble fondre ensemble
         Mon cœur et toi !.

         Mon cœur et toi
Du soupçon ignorant l'injure ;
         Mon cœur et toi
Vivant d'amour, vivant de foi,

Comment croirions·nous au parjure ?
Tendre baiser toujours rassure
    Mon cœur et toi !

UN GENTIL JEUNE HOMME

I

Goûter le bonheur en famille,
Être bon père et bon époux,
Chérir son garçon et sa fille,
Et les fair' sauter sur ses genoux,
Ah ! zut !... Mais pour s' donner un' bosse !
Dès l' petit jour, prendre son vol
Et se préparer à la noce
Par un' tournée... de vitriol.

    Et v'là-z-en quoi consiste
    Ce systèm' d'à propos,
    On est naturaliste
    Jusqu'à la moell' des os
        Là !...

II

Afin d' gagner sa triste vie,
S'éreinter pour un faible gain,
Et s' trouver la journée finie
A la tête d'un' morceau de pain.

Ah ! zut !... Mais s' balader dès l'aube
Du liquoriste au mastroquet
Et de tig's de bott's à la daube,
S' fair' régaler au cabaret.

Et v'là-z-en quoi consiste, etc.

III

S' priver souvent du nécessaire,
Pour secourir, selon son cœur,
Un brav' homm' qui dans sa carrière,
N' s'est pas écarté de l'honneur.
Ah ! zut !... Mais pour boire chopine,
Perdre sa casquette au bouchon,
Et s'en r'faire une à la sourdine
Avec le fond d' son pantalon.

Et v'là-z-en quoi consiste, etc.

IV

D'être probe, avoir le mérite,
Et lorsqu' injuste est le destin
Aller, au lieu de fair' faillite,
Se j'ter dans l' canal Saint-Martin
Ah ! zut !... Mais en faisant sa tête,
Toiser, avec un noble orgueil,
L' marchand d' vin qui fut assez bête
Pour vous donner à boire à l'œil.

Et v'là-z-en quoi consiste, etc.

V

Pour avoir son petit ménage,
Jour et nuit se mettre à piocher
Et de sa couchette en placage,
Être fier en rentrant s' coucher.
Ah ! zut !... Si du garni la porte
Vous est refusée sur le tard,
Aller en maudissant l' cloporte,
S'étendr' sur un banc du boulevard.

Et v'là-z-en quoi consiste, etc

VI

Avoir une petite amie,
Et quand l' travail vient à manquer
L'aider avec économie,
Sans qu'on puisse s'en offusquer.
Ah ! zut !... Mais prendre une maîtresse
Le matin s' mettre à ses genoux
Et lui témoigner sa tendresse,
Le soir, en la rouant de coups.

Et v'là-z-en quoi consiste, etc.

VII

Après une de ces faillites,
Dont on obtient le concordat,
Vivre de pomm' de terre frites
Et s'endormir sur un grabat.

Ah ! zut !... Mais pour un' bagatelle,
Un petit crim' d'ici, de là,
Se fair' conduire à la Nouvelle,
Et s'établir à Nouméa.

Et v'là-z-en quoi consiste, etc.

VIII

Sous le coup d'une affreuse misère
Avec un' femme et des enfants,
Dans l'ombre adresser sa prière,
A des hommes compatissants.
Ah ! zut !... Mais dir' au retardaire :
« Ton argent ? — Y en a plus chez nous.
— Aboule ou j' te fais ton affaire. »
Et l' chouriner pour vingt-cinq sous.

Et v'là-z-en quoi consiste, etc.

CHAPITRE XI

LE MENSONGE INCARNÉ

Le mensonge est devenu populaire; c'était au siècle dernier l'eau bénite de cour et même celle du ciel.

Un vieux marquis, sentant sa fin approcher, venait de réunir tous ses créanciers auxquels il devait des sommes fabuleuses; il avait inspiré la plus grande confiance par un luxe extraordinaire et ses largesses. Après avoir fait la confession de toutes ses ruses et de tous ses mensonges, il finit par dire : « L'argent n'est rien en comparaison du paradis; comme mon repentir va me mettre en faveur auprès de Dieu, vous serez bien dédommagés de vos pertes, car je demanderai pour vous une bonne place au ciel. »

L'eau bénite est devenue torrentielle, aujourd'hui. La civilisation et l'instruction qui nous ouvrent les idées de jouissance, nous fournissent donc tous les détours et les fourberies du mensonge que les sauvages ne connaissent pas.

Combien de protestations mensongères en amour ! Elles peuvent être sincères; mais que la passion ou le caprice soient satisfaits, les serments sont devenus des mensonges.

Quel enthousiasme entre nouvelles connaissances ! C'est un changement de décors, une lune de miel, on peut fabriquer mille et un contes, on ignore votre âge et votre passé, le fat énumère ses bonnes fortunes, est-ce bien une preuve de son mérite ? des demoiselles se vantent d'avoir refusé de riches partis.

Nous devons absoudre les comédiens qui jouent un rôle à la ville, leur vie privée se ressent de leur profession, mais ils possèdent les nobles élans d'une bienfaisance mutuelle.

Des vaniteux parés des plumes du paon croient éblouir et se donner de l'importance en parlant à tout propos de leurs amis riches et puissants. Mensonge ! S'ils disaient la vérité, ces amis (en existe-t-il beaucoup ?) sauraient les retirer d'une situation précaire sans blesser la délicatesse.

Certains mensonges passent pour être excusables : ceux de l'avocat plaidant une mauvaise cause.

Vous trouvez un prétexte pour refuser de prêter la moindre somme à un intime.

Un médecin que vous interrogerez ne vous dira pas la vérité sur votre maladie qu'il juge mortelle.

Combien de hâbleurs, de craqueurs font des promesses sans avoir l'intention de les tenir.

Celui qui considère sa parole comme sa signature est l'honnête homme dans toute la force du terme.

Des menteurs en politique promettent des places et des faveurs. Si vous les nommez députés ou conseillers, les cailles vous tomberont toutes rôties. Quels services ont-ils donc déjà rendus au pays? Ils ont prononcé de beaux discours, mensonges pompeux, des utopies qui séduisent les masses trop crédules. Il n'est pas difficile de convaincre les classes pauvres.

Des journalistes répandent des nouvelles à sensation et les démentent le lendemain, cela remplit leurs colonnes.

Des mensonges financiers avec des prospectus annonçant de gros bénéfices contribuent à ruiner des actionnaires, c'est un vol.

Parmi les menteurs des deux sexes, on en trouve quelques-uns tellement identifiés avec leurs mensonges qu'ils s'imaginent être dans le vrai.

Il a toujours été difficile dans tous les siècles de faire son chemin avec la franchise.

Finissons par un précepte de Fontenelle le centenaire : « Si j'avais la main pleine de vérités, je me garderais bien de l'ouvrir. »

Cet axiome n'est pas à sa louange. Il faut combattre le mensonge et avoir le courage de son opinion.

Quant à moi, je préfère une erreur consolante à une vérité qui désespère.

DEUXIÈME PARTIE

CHAPITRE XII

LA POESIE DE LA VIE

Opposons au matérialisme qui nous abaisse, les plus belles phases de la vie.

Un petit nombre seulement possède une lyre d'or pour traduire ses impressions.

Les fleurs parlent au poète avec autant d'éloquence que les livres, il trouve du charme en regardant la simple violette, il entend la musique dans le bruissement des feuilles, le courroux des flots qui fait pencher gracieusement les épis de blé; le sentier qui conduit à la connaissance de Dieu,

C'est la poésie de la nature.

Le poète est le favori de la nuit, il semble que pour lui seul, le rossignol fasse entendre ses chants les plus mélodieux; l'enfant des muses se sent inspiré et accorde sa lyre alors que la nuit, ouvrant son écrin, se pare de son immense collier d'étoiles aux yeux étincelants.

Les étoiles qui illuminent le ciel ne sont-elles pas les étincelles qui correspondent avec nôus?

C'est la poésie de la nuit.

La poésie n'est pas exclusivement réservée aux versificateurs, mais à tous ceux qui ont une idée de l'infini et le cœur haut placé.

Certaines conditions de la vie peuvent d'abord paraître vulgaires; cherchons des rayons de soleil au milieu des ombres et nous trouverons une belle poésie dans le travail manuel de notre labeur, quand il a surtout pour but de soutenir des êtres que nous aimons, et d'embellir leurs jours.

Dans cette mansarde est une jeune fille, qui ajoute au salaire du jour, celui de la nuit, pour aider ses parents vieux et infirmes.

C'est la poésie du dévouement.

Ecoutez ce langage dangereux adressé à une pauvre ouvrière par ses compagnes d'atelier : « Pourquoi ne pas profiter de ta jeunesse et de ta beauté ? Tu peux trouver un riche entreteneur. — A quel prix ? répond l'ouvrière, je veux conserver la dignité de moi-même et avoir toujours le droit au respect. Le plus beau privilège de mon sexe,

C'est la poésie de la vertu. »

L'amour appuyé sur l'estime dore notre existence, soit que nous habitions un palais ou une chaumière.

Rosier des quatre saisons, il prend plusieurs noms et plusieurs formes. On aime à tous les âges, quoique d'une manière différente.

L'amour et l'amitié sont la poésie du cœur.

On croirait que les souverains et les nobles ont perdu une partie de leur prestige, depuis qu'ils sont habillés comme les gens de distinction, et même l'habit noir est répandu dans toutes les classes. Le peuple aime la mise en scène, il regrette la suppression de plusieurs beaux régiments. Nous aimons tous, ce qui charme notre vue. Les dames du grand monde conserveront toujours une toilette éblouissante, leurs diamants comme leurs yeux brillent de mille feux, c'est pour nous fasciner qu'elles emploient

Toute la poésie de la parure.

Nos années de jeunesse se représentent à notre imagination, avec tout leur parfum, toute leur fraîcheur, nos illusions refleurissent, nous revoyons les êtres que nous avons connus. C'est une double vue. L'ami des belles-lettres éprouve une douce jouissance en relisant d'anciens chefs-d'œuvre ; c'est un héritage qu'on ne peut lui contester, n'étant pas témoin des fautes d'une vie privée, il garde toutes ses illusions et ne voit que l'esprit de son idole.

C'est la poésie des souvenirs.

La vie est un poème rempli d'alternatives et d'angoisses, nous combattons perpétuellement avec l'adversité. Les plus nobles sentiments font explosion dans la douleur. Rester ferme pendant la tempête, lutter vaillamment contre les orages et les souffrances, envisager de sangfroid la mort,

C'est la poésie du courage.

Admirons ces inventeurs passant toute leur vie à mettre en pratique une idée qui doit ouvrir une nouvelle ère au monde entier, ce n'est souvent qu'après leur mort qu'ils sont compris.

Ce hardi navigateur s'expose à tous les dangers pour découvrir de nouveaux pays et agrandir la chaîne de la civilisation.

C'est la poésie de la science.

Que d'argent mal employé par le riche pour satisfaire toutes ses fantaisies luxueuses. Il oublie qu'une partie du superflu dans ses repas serait le nécessaire pour le pauvre. Si, par ses bienfaits, il apporte un soulagement au malheur, c'est alors que sera réalisée

La poésie de la véritable fraternité.

La sœur de charité est pour le moins aussi méritante que la mère de famille. Se privant des joies de l'intérieur et dédaignant les plaisirs du monde, elle se consacre entièrement à l'humanité souffrante, elle brave toutes les épidémies. Sous ce costume si simple ne cache-t-ëlle pas un ange descendu du ciel ?

Elle est la poésie de la foi divine.

CHAPITRE XIII

UN TOURBILLON DE PENSÉES

Les deux premières pensées, par Armand Hayem. —Notre cerveau. — Diverses. — Les riens. — Mots populaires. — Mme de Sévigné. —Le paysan. — Les enfants trop gâtés. —La mode.— Après. —Le miroir. — Les vieilles lettres. — La moitié. —Les nuages. — Friandise et coquetterie. La valse. — La passion des femmes. — Excès de sensibilité.—Les tentations.—Le docteur Charles Masson. — Remède efficace. — Un quatrain chef-d'œuvre. — Auguste Vitu. — André Pezani. — L'homme d'esprit et la bête. — Bien avec tout le monde. —L'Etat débiteur de l'Eglise. — La foire aux mémoires. — *Petits mémoires* de Jouhaud, auteur de six cents pièces. — Le bonheur.

PENSÉES D'ARMAND HAYEM

Une pensée doit être l'économie d'un livre.

Dans l'art d'écrire, il faut laisser le lecteur faire tout le chemin qui sépare une pensée d'une autre.

(ARMAND HAYEM, un des génies du siècle.)
Hommage à sa mémoire!

4.

NOTRE CERVEAU

Notre cerveau, d'une forme si minime, est un musée dont les tableaux se remuent au gré de notre pensée, la souveraine de tout l'édifice. Je trouve en moi, une collection de mille tableaux, sans avoir songé à les mettre en ordre, ils se retirent et se présentent tour à tour. Je ne sais où ils se placent, cependant je les ai toujours à ma disposition, quelle vaste étendue dans moi-même et combien de ressources contre l'ennui dans la conversation avec soi-même.

DIVERSES

Loin de nous révolter contre des gens dont le raisonnement est absurde, nous devons être fiers d'être d'une nature supérieure.

Supportons une injustice avec résignation, quand nous en voyons de si grandes commises à l'égard de ceux bien au-dessus de nous, sous tous les rapports.

Les Français sont des oiseaux sur la branche. Nous voltigeons de modes en modes, d'amours en amours, l'idole de la veille est renversée le lendemain.

Dans notre domicile, nous sommes même sur une branche, le propriétaire augmentant souvent les loyers. — La vie n'est qu'une hôtellerie ; demain, nous pouvons recevoir notre congé. — Laissons quelques traces lumineuses de nos vertus, et de notre bienfaisance surtout, ces branches qui semblent rattacher notre pauvre humanité à la patrie céleste.

Un vieillard prétentieux et qui a conservé des illusions de jeunesse, entend avec déplaisir certaines expressions ayant rapport à son âge.

Un maître de maison devrait envoyer ses invitations avec la recommandation suivante : « Ne parlez ni d'âge, ni de religion, ni de politique. »

On voit éclore, chaque jour, des ouvrages dont la plupart n'ont aucune portée. Un style boursouflé sans idées... Beaucoup de mots pour ne rien dire... Qu'importe au lecteur vulgaire, pourvu qu'il lise et qu'il ait sa pâture quotidienne.

L'essence de l'esprit est de dire beaucoup en peu de mots.

S'il était possible de se rappeler tous ses rêves, on confondrait la réalité avec l'idéal.

Le passé ne ressemble-t-il pas à un rêve rapide, irréparable? Chacun s'écrie : « Si j'avais su... j'aurais dû... »

Les plus grands amis sont ceux qu'on voit rarement.

La modestie est la pudeur du vrai talent.

Il y a des personnes que l'on croit sensibles et qui ne possèdent qu'un tempérament nerveux.

On a presque toujours de la peine à comprendre que les autres puissent aimer ce qui nous déplaît, ou se livrer à des plaisirs pour lesquels nous restons indifférents.

Ceux qui prennent l'amour au sérieux, courent risque d'être victimes ; n'étant pas de froids calculateurs, ils éprouvent des faillites dans le domaine du sentiment.

On voit des gens très capables dans leur profession, mais tout à fait ineptes en politique et en littérature ; ils ne sauraient apprécier un bon livre. Peut-on posséder toutes les facultés ?

Les masses stupides ne sont que les pantins des orateurs et des journalistes.

Le soleil fait tout briller, jusqu'aux insectes. Ainsi, la fortune fait briller les sots.

On accuse des auteurs de répéter, sous une forme différente, des vérités bien connues. Mais les vérités peuvent se comparer à des prières adressées à la raison. Ce sont des balles qu'on lance plus ou moins haut et qui rebondissent toujours.

LES RIENS

Un *rien* a suffi pour causer les plus graves événements ; vous en trouvez les preuves dans l'histoire des nations. Regardons autour de nous, une étincelle produit une flamme, la moindre circonstance dénoue nos projets.

Un *rien* chez vous, Mesdames, possède la puissance de l'électricité et de la foudre, cherchez partout la femme ; un regard, une parole, un *rien* suffit pour faire le bonheur ou le malheur d'une vie entière.

Une propagande quelconque commence par un *rien,* voire même par un couplet ; un nom répété à

satiété devient populaire ; *Paulus* a contribué à la célébrité du général Boulanger.

D'un rien surgissent des merveilles, la nature nous en donne à chaque instant des exemples : une graine produit un arbre colossal.

La conversation en France se compose surtout de riens plus ou moins spirituels ; on passe avec rapidité d'un sujet à un autre, le talent de celui qui entame une conversation est de pouvoir répondre tout à la fois aux différentes personnes qui l'interrompent.

Les peuples du Nord creusent un sujet, avant de l'abandonner.

MOTS POPULAIRES

Epatant qui n'est pas français, lancé par je ne sais qui, devient habituel.

Un certain *mot trop populaire* qu'on entend si souvent, a été propagé par *Victor Hugo* qui n'a pas craint de salir sa plume en substituant à cette phrase héroïque : « *La Garde meurt et ne se rend pas !* » ce mot à la Zola, prononcé par Cambronne. Qui donc l'a entendu ?

Mme DE SÉVIGNÉ

Mme de Sévigné écrivait à d'Aubigny :

« Écrivez-moi le moindre des riens, mon amitié pour vous en fera des choses. »

LE PAYSAN

Le paysan, ce prince de la nature, est l'être le plus utile de la création. La terre, notre mère à tous, le récompense tôt ou tard de ses labeurs. Je comprends l'adoration du soleil chez plusieurs peuples, qui lui ont élevé un temple, ils ont au moins un culte.

LES ENFANTS TROP GATÉS

C'est un tort d'initier les enfants à tous les plaisirs des grandes personnes, les parents semblent concourir pour montrer les plus jolies marionnettes. — Deux théâtres pour la jeunesse, au milieu du siècle, représentaient des pièces morales, maintenant on ne veut plus de morale; on mène les enfants voir les opérettes. Remarquez ces petites filles déjà instruites dans de certaines contredanses à faire des agaceries à des bonshommes qui deviendront bientôt blasés.

Nos pères élevaient plus simplement leurs enfants qui se trouvaient tout aussi heureux que ceux d'aujourd'hui, il conservaient au moins le respect de la famille.

Le fils, à peine sorti du collège, se croit déjà plus avancé que son père en religion et en politique, voire même sous le rapport des femmes.

LA MODE

Voici le plus grand tyran du beau sexe; des femmes gentilles suivent même une mode ridicule qui diminue leurs charmes. C'est en France qu'elle offre la plus grande variété. Nous aimons le nouveau qui rompt l'uniforme, mais, il ne faut pas qu'une mode nous apporte des vices.

APRÈS

Répéter souvent le mot *après* serait un spécifique contre mille et une folies et aussi un appel à l'intelligence; on me répondra : « Penser toujours au lendemain, c'est se priver de tous les plaisirs du moment. » Faites une petite part au diable et à la folie, pour donner la plus grande à la raison. Imaginez que vous vous êtes livré la veille à une de ces jouissances dont le foyer perd sa flamme presque aussitôt *après.*

LE MIROIR

Apprends à te connaître. Telle est la devise du sage. Nous cherchons souvent à nous abuser, ou bien nous sommes entourés de flatteurs.

La Fontaine appelle un miroir : le conseiller muet dont se servent souvent les dames; elles doivent se présenter devant lui comme elles sont au naturel; des coquettes qui se maquillent le forcent à cacher la vérité.

Un comédien doit répéter ses rôles devant son miroir ; il finira par reformer des gestes et des grimaces qui nuiraient à son talent.

Montaigne a dit qu'il serait bien de montrer un miroir à un homme en colère, pour lui faire voir combien il se rend laid.

Un ancien beau, en se regardant, pense qu'il est temps et même prudent de prendre sa retraite amoureuse. L'intérêt de sa santé est de se borner à la simple galanterie pour obtenir quelques sourires et des témoignages plus ou moins factices de tendresse. N'importe, cela peut lui suffire.

LES VIEILLES LETTRES

Oh ! les vieilles lettres, quel charme mélancolique nous éprouvons à les relire, lorsque les mains qui les ont écrites sont devenues inanimées.

L'écriture se ranime, notre imagination fait des miracles en rendant la vie à tous ceux que nous avons connus.

C'est le reflet des êtres bien-aimés qui vient nous donner des nouvelles de leurs âmes.

LA MOITIÉ

Un juge de paix vous conseille de partager le différend par la moitié. Si, du petit au grand, les peuples pouvaient s'entendre, que de millions et de sang seraient épargnés. Il faudrait établir un congrès universel.

Vous hésitez à prendre certaines valeurs, achetez-en la moitié ; si elles montent, vous réalisez un bénéfice; si la baisse arrive, vous faites, en terme de bourse, *une commune* et votre affaire s'améliore. — Si vous avez épousé une coquette, donnez-lui la moitié des toilettes qu'elle envie et vous aurez la paix... au moins pendant quelques jours. — Votre médecin vous ordonne un assortiment de drogues, n'en prenez que la moitié et vous serez guéri. — Ne croyez que la moitié des *dit-on*, qui mettent à couvert la responsabilité des rapporteurs. — Supprimer les détails oiseux de la plupart des romans, ce serait rendre leur lecture plus supportable aux gens d'esprit. — Jadis nos riches mandataires servaient la France sans rétribution : aujourd'hui, quel changement ! Avec la moitié de leurs émoluments, on soulagerait bien des misères.

LES NUAGES

Nous voyageons très loin pour admirer les beautés de la nature, tandis que, sans nous déranger beaucoup, nous sommes à même de jouir d'un spectacle splendide : les nuages !

Les voyageurs contemplent les montagnes immobiles et s'extasient devant une mer calme, mais portent peu d'attention aux nuages, ornement de la voûte céleste.

Dans les nuages qui se suivent, mollement balancés par l'aile des vents, nous trouvons la pensée capricieuse qui enfante mille projets. L'imagination prête plusieurs formes à ces nuages aériens; elle voit des forêts suspendues dans l'immensité, des palais rayonnants et des rochers.

Notre vie est un reflet des nuages, auxquels elle a été souvent comparée par les Grecs et les Romains.

FRIANDISE ET COQUETTERIE

Lorsqu'un poète qui rêve l'idéal, aperçoit dans une boutique de pâtisserie un essaim de jeunes filles sveltes et presque aériennes, se bourrant de gâteaux et buvant des petits verres de vin, il perd ses illusions et maudit le matérialisme fin de siècle. Il ne sait donc pas que dans tous les siècles, nos charmantes et angéliques dulcinées ont toujours été aussi friandes que coquettes, aimant la poésie de la cuisine et l'adulation de leurs charmes.

LA VALSE. — LA PASSION DES FEMMES

Ce tournoiement continuel, charmant pour le valseur qui se trouve si près de sa valseuse, est fastidieux pour le spectateur : toujours la même musique. Le quadrille presque abandonné était une sorte de ballet composé de cinq figures et vous entendiez des airs différents, tirés souvent des opéras. La difficulté aujourd'hui est de s'entendre et de trouver des vis-à-vis. L'égoïsme domine, on fait peu d'attention à l'ennui des autres.

Celui qui a la passion des femmes les aime toutes et n'est pas susceptible de constance et d'une passion profonde pour une seule.

EXCÈS DE SENSIBILITÉ

C'est un malheur d'avoir un excès de sensibilité dans le caractère, vous êtes en proie à de tristes réflexions, vous prévoyez les moments de séparation d'avec les êtres qui vous sont chers. Mieux vaudrait pour vous de mourir avant eux.

LES TENTATIONS

Comment résister à toutes les tentations sensuelles d'une grande ville ? Vous achetez follement des objets dont vous regrettez l'acquisition. Songez que vous avez bien vécu jusqu'alors sans satisfaire ce nouveau caprice. Ne regardez pas longtemps ce que vous convoitez, vous succomberez à la tentation. On ne saurait calculer ainsi avec le cœur. Si vous perdez une femme bien-aimée, vous vous reporterez vainement au temps où elle n'était pour vous qu'une inconnue, il semble que vous attendiez celle qui devait dorer votre existence.

LE DOCTEUR CHARLES MASSON

Mon oncle, le docteur CHARLES MASSON, médecin aussi habile que poète distingué, parlait de la *résignation* comme d'un remède efficace dans les maladies morales et même physiques. Il se plaisait à répéter le quatrain suivant — un chef-d'œuvre supérieur à des centaines de vers :

UN QUATRAIN CHEF-D'ŒUVRE

Chaque jour est un bien que du ciel je reçois.
Je jouis aujourd'hui de celui qu'il me donne ;
Il n'appartient pas plus au jeune qu'à moi
Et celui de demain n'appartient à personne.

Le *même docteur* conseillait à ses clients qui voulaient s'habituer à l'idée de la mort, d'éloigner la moindre pensée, quand ils sont au lit : pour s'endormir d'abord, puis pour avoir une répétition de la mort.

AUGUSTE VITU

AUGUSTE VITU, dans une conférence faite, il y a plusieurs années, au théâtre de la Porte-Saint-Martin sur la tragédie le *Siège de Calais*, a voulu — est-ce pour consoler le public? — lui rappeler qu'après la mort, nous retombons dans la même insensibilité qu'avant notre naissance. Le conférencier n'a pas parlé de l'âme.

ANDRÉ PEZANI

ANDRÉ PEZANI, un grand philosophe italien, croyait à l'inégalité des âmes qui, préexistant dans un monde quelconque, n'arrivaient pas toutes sur notre terre avec la même puissance. L'âme ne commence d'être que lorsque l'enfant a été conçu dans le sein de sa mère. Comment a-t-il pu s'en convaincre?

L'HOMME D'ESPRIT ET LA BÊTE

Une bête, en écoutant des absurdités, éclate de rire; l'homme d'esprit hausse les épaules en déplorant le mauvais goût d'une grande partie du public. S'il essaie de raisonner un idiot, il perd son temps et peut se comparer à Don Quichotte combattant des moulins à vent.

BIEN AVEC TOUT LE MONDE

Gardons le silence pour être bien avec tout le monde, car, voir devant soi un visage gracieux est

une satisfaction. On a toujours besoin d'un plus petit
que soi. Il faut prendre le genre humain tel qu'il est
et rechercher seulement ses qualités, parfois difficiles
à découvrir.

L'ÉTAT DÉBITEUR DE L'ÉGLISE

La séparation de l'Eglise et de l'Etat serait une
sorte de faillite pour la France, une action déshono-
rante.

Le Gouvernement, il y a un siècle, en s'emparant
des biens du clergé, s'était engagé à lui faire une
rente perpétuelle. Napoléon Ier et tous les Parlements
ont reconnu ce traité. Mais des députés, en haine du
catholicisme, proposent d'abroger cette dette sacrée.
Les prêtres, selon moi, ne sont pas des salariés, mais
bien des créanciers.

LA FOIRE AUX MÉMOIRES

De tous côtés jaillissent des mémoires, les uns pos-
thumes, les autres écrits par des contemporains, de
sorte qu'on ressuscite les morts et que les vivants
nous parlent. Plus ces mémoires sont courts, plus ils
ont de chance d'être lus; la vie est tellement fébrile
et remplie qu'il est impossible de lire tous les ouvrages qui paraissent.

AUGUSTE JOUHAUD

Mais les *Petits Mémoires* de JOUHAUD offrent en peu de pages un vif intérêt.

JOUHAUD, l'auteur le plus fécond du siècle, a composé six cents pièces. Sa vie est des plus curieuses. D'abord dans la pauvreté, il est devenu possesseur d'une grande fortune qu'il a fini par perdre.

Il raconte combien il lui a fallu de travail et de courage pour recouvrer une partie de ses pertes.

Etant collaborateur de Jouhaud, j'ai été à même d'apprécier son talent si original et sa fécondité extraordinaire. Il a abordé avec un égal succès tous les genres : le drame, la comédie, le vaudeville et l'opérette.

Ses pièces sont constamment jouées en France et en Étranger; ses comédies ne passeront jamais de mode, elles renferment l'esprit gaulois qui nous donne la suprématie littéraire sur les autres nations.

LE BONHEUR

Le bonheur ne nous est guère sensible que par la délivrance du mal.

« Heureux celui qui voit le jour! » dit un aveugle. Mais un homme qui voit clair ne le dit pas. — « Heureux celui qui se porte bien! » disent les malades, mais dès qu'ils se portent bien, ils ne sentent plus le bonheur de la santé et souvent la détruisent.

CHAPITRE XIV

La religion de Victor Hugo. — Erreur d'Octave Feuillet.
La véritable comédie.

LA RELIGION DE VICTOR HUGO

Victor Hugo a déclaré qu'il croyait en Dieu.
Pensait-il qu'un culte fût nécessaire? Quelle sorte de
croyance avait-il donc?

Si un Être suprême écoute nos prières, il faut alors
donner à l'enfance une instruction religieuse avant
toutes les autres; le poète gigantesque approuvait
cependant les écoles entièrement laïques.

Il n'a pas donné une formule à sa croyance quand
il a renié ses premières convictions en religion et en
politique.

On prétend qu'il a adopté le *panthéisme*, l'univer-
salité des êtres se confondant avec Dieu. Dans son

orgueil, il devait se croire une *individualité* supérieure. Peut-être se croyait-il presque un dieu.

Malgré son mysticisme, il avait les sentiments plus élevés que ceux de son entourage et de ses admirateurs matérialistes.

On lui reproche de n'avoir pas ajouté à sa gloire littéraire une œuvre de bienfaisance aussi colossale que son talent : la fondation d'une grande maison de retraite pour de vieux auteurs et des ouvriers.

Que de beaux discours a-t-il prononcé en faveur du peuple français et même des autres peuples !

Il les aimait comme ses enfants. Ce tendre père leur a donné des conseils. Voilà tout.

ERREUR D'OCTAVE FEUILLET

Octave Feuillet était un de nos auteurs dramatiques les plus distingués, il a dépeint dans ses comédies tous les nobles sentiments, quelquefois exagérés pour notre siècle positif ; il ne juge pas le genre humain tel qu'il est. Je lis dans un de ses derniers romans que l'homme est né *très bon...* c'est une erreur. Je soutiens qu'il vient au monde presque *méchant*; c'est l'éducation qui l'adoucit et le polit.

Malheureusement, on ne s'aperçoit pas aujourd'hui des bienfaits de l'éducation. — Est-elle plus morale qu'autrefois? A quoi bon de savoir lire, pour n'aimer à lire que des turpitudes? Vous ne pouvez pas sortir

sans entendre des mots sales prononcés par des ado-
lescents et même des enfants. Quel est le résultat de
cette instruction qui devait nous régénérer? Est-ce
donc une tenue débraillée et un langage ignoble,
ordurier?

Il faut excepter une société d'élite qui a encore
gardé les traditions du bon ton et de la dignité de
soi-même.

LA VÉRITABLE COMÉDIE

Des auteurs dramatiques dont je reconnais le talent, s'abusent parfois s'ils prétendent avoir écrit des
comédies de mœurs. Citons la *Lutte pour la Vie* : le
héros de cette pièce ne répond nullement au titre.
Ce n'est pas un père de famille luttant contre la pauvreté, mais un ambitieux possédant de la fortune. Le
titre devait être la *Lutte pour les Honneurs*. Le
Maître de Forges ne représente qu'un caractère ex-
ceptionnel. Molière a peint des caractères qui seront
toujours dans la nature, tels que : l'avare, le misan-
thrope, le faux dévot, etc.

CHAPITRE XV

Le krach agricultural. — Le déclassé. — Conseil de
l'économiste Malthus. — Les soi-disant patriotes. —
Napoléon Ier.

LE KRACH AGRICULTURAL. — LE DÉCLASSÉ

Un paysan ambitieux pour faire de son fils un
monsieur, l'envoie à Paris. Les idées du jeune homme
se sont à la vérité élargies Voulant avoir des jouissances qu'il ignorait dans son village, il néglige son
travail, ne fait que des dettes, et ruine à moitié ses
parents. — Il règne dans les grandes villes une concurrence effrayante dans toutes les conditions; la misère enfante les vices; les crimes sont aujourd'hui
plus nombreux qu'il y a cinquante ans; nous ne
savons pas émigrer comme les autres peuples qui se
répandent partout, et à ce propos, la France pourrait
comme en Suisse, établir un droit de séjour pour les
étrangers, ce qui formerait une caisse de secours
pour les ouvriers sans ouvrage.

CONSEIL DE L'ÉCONOMISTE MALTHUS

Les habitants de nos grandes villes et principalement de Paris devraient mettre en usage les principes du *fameux économiste Malthus*, dont les ouvrages ont été traduits dans toutes les langues; il recommandait la plus *grande circonspection dans le mariage* ou bien alors le célibat.

Est-ce intelligent d'avoir un nombre infini d'enfants sans être capable de les nourrir? Mettez-vous alors dans les anarchistes dont les enfants doivent être élevés en commun, ou bien allez chez des Arabes qui ont ce système gouvernemental.

Les laboureurs peuvent au moins vivre *plus naturellement* et plus largement que dans la capitale pour élever une grande famille.

Formons en Algérie des écoles d'agriculture où seraient envoyés les enfants trouvés, qui deviendraient plus tard des agronomes.

LES SOI-DISANT PATRIOTES. — NAPOLÉON Ier

Des soi-disant patriotes parlent toujours de la dépopulation de la France. A Paris seulement, on mettrait sur le pied de guerre cinq cent mille hommes. Les projectiles peuvent être lancés à une grande distance. Napoléon n'a-t-il pas, sans alliés, vaincu toute l'Europe ?

CHAPITRE XVI

LES POURQUOI

L'Académie française. — D'Ennery. — Députés et professeurs. — Collèges de femmes. — Ouverture des bureaux de théâtre. — Division des lots — Suppression des fortifications. — Les complices en amour. — Un testateur intelligent. — Purgez donc Paris! — Les protestants sont-ils dans le vrai? — Le jeu, le vin et les femmes. — La passion préférable. — Avantage de la laideur. — Le cumul. — Électeurs trop jeunes.

L'ACADÉMIE FRANÇAISE

Pourquoi l'Académie française ne change-t-elle pas son mode d'élection? Après la mort d'un académicien, elle devrait choisir elle-même un remplaçant et trouver un moyen de se mettre d'accord, ce qui épargnerait au prétendant beaucoup de démarches, qui peuvent éloigner un homme de génie. Mon collaborateur THÉODORE BARRIÈRE, m'a souvent répété qu'il ne serait jamais de l'Académie, ne voulant faire ni visites, ni courbettes. — Ce serait une rareté si l'Académie éprouvait un refus de la part d'un homme dédaigneux ou trop modeste, d'ailleurs on le connaîtrait. C'est toujours la vieille routine qui empêche les améliorations.

ADOLPHE D'ENNERY

On est étonné que ce grand dramaturge ne siège pas depuis longtemps à l'Académie. Il mériterait d'y tenir un des premiers rangs. Il a écrit un grand nombre de drames populaires qu'on peut appeler des tragédies en prose.

Les tragédies en vers où figuraient les Romains et les Grecs, ne s'adressaient jadis qu'à une certaine classe; aujourd'hui, les drames si intéressants de d'Ennery captivent également le public. La plupart de ses pièces renfermant les plus nobles sentiments resteront au répertoire.

DÉPUTÉS ET PROFESSEURS

Pourquoi un député a-t-il le droit de s'abstenir de voter ? Je l'ai nommé pour représenter mon opinion ; employé du suffrage universel, il ne remplit pas son devoir quoiqu'il soit rétribué, il n'a donc pas le courage de remplir son mandat. Remarquons que des hommes courageux devant les ennemis étrangers se montrent souvent timorés devant des concitoyens audacieux, ils veulent ménager la chèvre et le chou.

Pourquoi des députés et des professeurs s'absentent-ils sous le moindre prétexte ou même en n'en donnant aucun? On devrait leur imposer une amende, ou bien encore ne les payer qu'au cachet ; alors, ils seraient plus exacts, mais, comme la plupart font les lois, ils ne réformeront pas les abus dont ils savent si bien profiter.

COLLÈGES DE FEMMES

Pourquoi a-t-on créé des collèges de femmes? D'abord, pour distribuer de nouvelles places, puis dans l'espoir que des femmes fortes n'entraîneront point leurs maris à l'église. Quel était le besoin de ces collèges? L'histoire sainte en est exclue ainsi que dans les examens pour les futures institutrices. — On exige qu'elles répètent à la place une scène des comédies de Molière. Beaucoup de jeunes filles seront déclassées. — Quelle sera leur position? Un ouvrier veut une bonne ménagère, un employé cherche une dot ou une commerçante.

Le renvoi odieux des sœurs de charité fut un des premiers actes d'une démagogie implacable qui ne craint pas de gaspiller l'argent.

OUVERTURE DES BUREAUX DE THÉATRE

Pourquoi ne pas ouvrir les bureaux juste à l'heure indiquée sur l'affiche et faire attendre le public vingt minutes et quelquefois une demi-heure ? La foule s'amasse. Les passants se disent : « La pièce fait donc beaucoup d'argent? Nous viendrons la voir. » Une longue queue est une réclame.

DIVISION DES LOTS

Pourquoi ne pas diviser les lots des obligations de la ville. Au lieu de cent mille et de cinquante mille, on devrait émettre des lots de vingt mille et même de dix mille. Ce serait donner plus de chances au petit capitaliste et le nombre des favorisés du sort augmenterait. La République ne doit-elle pas prendre l'intérêt de tous? En France, on s'attache aux grands mots. L'ouvrier et le petit bourgeois répètent en chœur: « Oh! si j'avais cent mille francs ! » Il est très probable qu'ils ne les auront jamais. L'espérance, à la vérité, est déjà une satisfaction.

SUPPRESSION DES FORTIFICATIONS

Pourquoi conserver ces fortifications qui n'ont rien de pittoresque? On remarque avant d'arriver à Londres des petites maisons, composées d'un rez-de-chaussée et d'un premier étage ; elles sont habitées par des employés, des petits rentiers, ainsi que par des ouvriers. Pourquoi n'a-t-on pas, depuis plusieurs années, remplacé les fortifications par des maisons semblables à celles des Anglais ? Après un certain temps, le locataire aurait pu devenir propriétaire ; ce serait une source de bien-être et un nouvel embellissement de Paris.

Les forts détachés remplacent les enceintes, d'ailleurs quand les ennemis sont parvenus à entourer la capitale, la victoire est presque toujours en leur faveur.

LES COMPLICES EN AMOUR

Pourquoi un jeune homme n'est-il pas blâmé pour avoir eu une maîtresse avant son mariage ? « Il a fait sa vie de garçon », dit-on. Mais, sa maîtresse est perdue de réputation. Cependant, ils sont complices tous deux dans un attentat à la morale.

Si les femmes ne respectent pas certains préjugés, rempliront-elles tous les devoirs d'une mère de famille ? Auront-elles autant de droits à nos égards et à notre respect ?

UN TESTATEUR INTELLIGENT

Pourquoi un célibataire possédant une grande fortune la laisse-t-il tout entière à une seule personne, quelquefois aussi riche que lui ? Tandis que, divisant ses legs, il contribuerait au bien-être de pauvres gens qui béniraient sa mémoire.

PURGEZ DONC PARIS !

Pourquoi les bandits qui pullulent, regretteraient-ils l'assassinat d'un ministre ? C'est que la Chambre, si insouciante pour les dangers que nous courons, voterait dans une seule séance une loi qui enverrait à Nouméa tous les malfaiteurs ayant eu plusieurs condamnations. Qui donc s'en plaindrait ? Mais pour obtenir cette loi salutaire et débarrasser nos prisons trop étroites, nous ne pouvons pas désirer qu'un de nos principaux gouvernants devienne victime d'un attentat. Donner au Président de la République le droit d'annuler une condamnation à mort, c'est lui conférer l'autorité d'un Roi et méconnaître le verdict du jury.

LES PROTESTANTS SONT-ILS DANS LE VRAI ?

Pourquoi les protestants reprochent-ils le luxe déployé dans les églises catholiques ?

Les premiers hommes furent des pasteurs, ils offraient à Dieu les nouveau-nés de leurs troupeaux et les fruits de la terre, mais depuis que le progrès a enfanté les arts, n'est-il pas juste de consacrer au Créateur les prémices de l'intelligence humaine qui est un souffle divin.

Le génie de la peinture a enfanté des chefs-d'œuvre, la Bible en action; peuvent-ils être mieux placés que dans le temple du Seigneur? Je ne sais pas pourquoi les tableaux et les statues empêcheraient l'effervescence de nos prières. Nous n'adorons pas les saints, nous les vénérons.

LE JEU, LE VIN ET LES FEMMES
LA PASSION PRÉFÉRABLE

Pourquoi trouver ridicule un vieillard dont le cœur n'est pas usé et qui courtise les femmes, tandis qu'il n'excite aucune raillerie s'il s'adonne toujours au jeu et au vin? Voici un préjugé. Aimer les femmes, n'est-ce pas la plus noble passion? Le vieillard ne peut-il rencontrer une femme dévouée qui préfère un homme âgé spirituel à un jeune homme qui n'est qu'un sot? Je mets de côté l'intérêt, qui cependant procure encore une illusion.

On voit des mariages heureux entre des époux d'un âge bien différent et, par contre, des jeunes qui demandent le divorce.

AVANTAGE DE LA LAIDEUR

Pourquoi n'aimerait-on pas une femme laide qui ne l'est jamais au grand complet?

Elle peut avoir un je ne sais quoi, qu'on cherche

à deviner, un organe sympathique et des talents que ne possède pas toujours une jolie femme.

On s'habitue à la laideur, on se blase sur la beauté. Une femme adulée pour ses charmes éprouve un vif chagrin en les perdant, la femme laide n'éprouve pas les mêmes regrets.

LE CUMUL

Pourquoi ne pas abolir le cumul, une injustice, une inégalité anti-libérale ?

Pourquoi donner au même fonctionnaire plusieurs places rétribuées largement et qui donneraient à d'autres capacités une situation qu'ils méritent?

Le public profiterait de cette innovation, car celui qui ne remplit qu'une seule fonction a plus de temps pour s'acquitter consciencieusement de son devoir.

ÉLECTEURS TROP JEUNES

Pourquoi ne pas mettre à vingt-cinq ans seulement le droit de voter? Un jeune homme a-t-il assez d'expérience à vingt et un ans pour choisir un de ceux qui doivent gouverner la France. Si la loi électorale était changée, aurions-nous de meilleurs députés ?

CHAPITRE XVII

LE KRACH RELIGIEUX

Le savant libre-penseur. — Réponse du Père Lemoigne,
jésuite. — Sermon en quelques lignes.

LE SAVANT LIBRE-PENSEUR

Inutile de chercher à pénétrer des mystères au-
dessus de nos facultés intellectuelles.

Le plus clairvoyant des astronomes ne saura
jamais découvrir la patrie céleste au-dessus de la
voûte étoilée.

Un positiviste en sait-il davantage que le pauvre
d'esprit qui se contente de croire et de prier ? Le
sceptique nie la révélation divine et regarde comme
des légendes les miracles relatés dans les saintes
Écritures. Il se demande sur quelle base repose la
vérité de la Bible ? Ce n'est, suivant lui, que de l'écriture humaine plus ou moins altérée. Un dieu souffri-

rait-il tant de religions qui passent pour être fausses ?
Il devrait apparaître pour dicter ses volontés ; c'est
alors qu'on serait coupable de ne pas lui obéir.

Le libre-penseur, à force de raisonner et de vouloir creuser la science, tombe dans un gouffre d'incer-
titudes et de contradictions ; et devenant tout à fait
athée, il finit par prétendre que le monde a été formé
par les évolutions successives de la nature depuis des
millions de siècles.

RÉPONSE DU PÈRE LEMOIGNE, JÉSUITE

SERMON EN QUELQUES LIGNES

Le PÈRE LEMOIGNE, un de nos premiers orateurs
catholiques, répond logiquement :

« Si c'est la nature qui a fait les hommes, elle n'a
donc plus le pouvoir d'en créer? » Répondez. L'athée
ne saurait donner une solution. Quel service rend-il
donc à la société en répandant une opinion dan-
gereuse qui ne sert qu'à décourager ceux qui cherchent
une espérance ? C'est nous mettre après notre mort
au niveau de l'animal, c'est abaisser notre dignité.

Tous les peuples, à l'exception de quelques bar-
bares (presque des animaux féroces), ont une idée de
l'immortalité de l'âme ; n'est-ce pas un attribut de
l'existence et un pressentiment de l'immortalité de
l'âme ? Vous ne croyez pas aux miracles, mais nous

sommes nous-mêmes des miracles. Voyons nous la mémoire, la pensée ? Pas un visage tout à fait semblable à un autre dans tout l'univers. — « Dieu, objectez-vous, pourrait empêcher les maux qui accablent le genre humain. » — Si nous étions parfaitement heureux sur la terre, nous craindrions encore plus la mort. Je ne parle que pour les penseurs qui s'inquiètent de notre avenir. Le grand nombre dans les nations civilisées reste très indifférent et se dit : « Nous saurons plus tard ce qui sera ou ce qui ne sera pas. » — Les guerres de religion n'existent plus.

Un abbé italien aux idées larges trouve toutes les religions, bonnes, pourvu qu'on en ait une. Mais les trois quarts de la population de Paris n'en reconnaissent aucune. Des libres-penseurs de mauvaise foi ne cessent de parler des abus du catholicisme. Iraient-ils à l'Eglise quand même, les prêtres seraient des anges ? Ils ne croient pas aux miracles.

La raillerie s'attache plutôt aux dévots qu'aux naïfs qui croient à l'influence des cartes, du nombre treize et du vendredi.

Comment des savants et des gens d'esprit peuvent-ils croire à la transmission des âmes dans d'autres corps, puisqu'en mourant on perd le souvenir de sa personnalité ?

Où est la preuve ?

L'âme : est-ce la pensée, est-ce un fluide ?

CHAPITRE XVIII

L'ENVERS DE PARIS

Regrets d'un vieux Parisien. — Les dangers de la rue. —
Une deuxième armée du salut. — Loi favorable au vol.
— Krach social de la bourgeoisie. — Méfiance conti-
nuelle.—La musique partout.— Quelle est la raison? —
Paris, capitale du monde. — Vitalité des Français. —
Aurons-nous le krach du matérialisme ? — La véritable
philosophie au-dessus du siècle. — L'avenir.

REGRETS D'UN VIEUX PARISIEN

Le vieux Parisien s'habitue difficilement aux chan-
gements opérés à Paris.

Il regrette les petits théâtres du boulevard du
Temple, les *Funambules*, le *Petit Lazari*, *Madame
Saqui* ; les prix étaient très minimes aux premières places. Notons que l'orchestre des *Folies-
Dramatiques* coûtait *un franc*; aujourd'hui, il faut
payer *six francs* ; les pièces de l'ancien répertoire
valaient les nouvelles.

Londres et d'autres capitales possèdent un théâtre italien ; le nôtre, depuis une de nos dernières révolutions, est remplacé par des maisons de finance ; le Théâtre-Italien était un grand attrait pour les dilettantes.

Les embellissements ont détruit le côté pittoresque de Paris, toutes les maisons à six ou sept étages sont uniformes. SARDOU, en parlant des boulevards, a dit malignement : « Un banc, un arbre, un kiosque. »

Notre Parisien déplore l'accroissement de la population et fait les réflexions suivantes, qu'on doit taxer d'égoïsme :

« Les provinciaux et les étrangers devraient bien rester chez eux et ne pas venir encombrer la capitale.

» Le riche, ne regardant pas à dépenser de l'argent pour satisfaire ses moindres fantaisies, rend la vie plus chère et la classe moyenne en souffre. »

Des gens tarés quittent aussi la province pour trouver de nouvelles dupes.

LES DANGERS DE LA RUE

Impossible maintenant de circuler dans les rues, les trottoirs sont envahis par des étalagistes et des tables de cafés. On est heurté, coudoyé et bousculé à chaque instant. Tout ceci n'est rien encore en comparaison des dangers qui nous menacent.

D'abord, c'est le nombre exubérant des voitures :

à droite, à gauche, devant, derrière, partout, et peu de refuges.

Les cochers semblent lutter de vitesse, même aux détours des rues, s'inquiétant peu s'ils exposent la vie des passants. Ils devraient bien se mettre toujours en grève, on circulerait plus facilement ; ce serait aussi une économie pour les vieillards qui prennent des voitures dans la crainte d'être écrasés.

N'oublions pas les vélocipèdes ; quand ils sont conduits maladroitement, ils causent de graves accidents.

Le tableau de Paris va devenir plus lugubre : dans cette ville de lumière (au figuré) si mal éclairée, à l'exception de quelques grandes places, vous êtes presque certain de faire une mauvaise rencontre dans nos rues si sombres et si mal pavées.

UNE DEUXIÈME ARMÉE DU SALUT

Toutes les nuits ont lieu des attaques qui rappellent la forêt de Bondy ; vous êtes seul contre une bande de malfaiteurs, pour lesquels le Gouvernement se montre si paternel ; on les connaît, mais il faut les surprendre en flagrant délit ; on ne trouve pas un sergent de ville dans de longues rues où les magasins ferment de bonne heure.

Quelques millions auraient été bien employés pour créer une *autre armée du salut* (celle-ci serait terrestre) composée de vingt mille gendarmes faisant des patrouilles, comme la garde nationale d'autrefois.

C'est toujours avec une nouvelle inquiétude que vous rentrez dans votre domicile, craignant de trouver votre appartement dévalisé. La République, au nom de tous, peut prendre des mesures qui paraîtraient arbitraires sous une royauté.

LOI FAVORABLE AU VOL

Avec quel empressement nos députés votent de nouveaux impôts et des lois iniques et ridicules, tandis qu'ils négligent de grandes améliorations.

La loi Bérenger favorise le premier vol qui reste impuni. A-t-on jamais corrigé l'instinct du vol qui provient d'un naturel vicié ? Essayez au moins d'établir loin de Paris un pénitencier. Voudrait-on y permettre le système religieux ?... J'en doute.

Encore une loi funeste qui vient d'être votée. La loi sur les douanes augmentera encore la cherté de la vie ; c'est en faveur de gros propriétaires.

KRACH SOCIAL DE LA BOURGEOISIE

MÉFIANCE CONTINUELLE

Ce n'est pas étonnant que les relations sociales tendent à s'affaiblir ; chacun se tient dans une méfiance continuelle.

Des habitués de casino se voient pendant des

années sans s'adresser la parole; ils se rencontrent autre part et ne paraissent pas même se connaître. Plus de conversation au spectacle avec le voisin; on garde pour soi son opinion sur la pièce.

En voyage, on fixe la sonnette d'alarme; au lieu de gens sympathiques, ce sont les coins qu'on recherche. Si vous hasardez quelques paroles, on vous répond par un monosyllabe.

On se demande si vous ne cachez pas un revolver?

Les bourgeois se recevaient jadis mutuellement; ils fixent pour se voir, un jour et une heure. Ils donnaient des petites soirées sans prétention, ils jouaient parfois aux jeux innocents, mais, comme on était moins corrompu, les parents ne craignaient pas de laisser les jeunes gens embrasser leurs filles; les pénitences pour racheter les gages étaient fort agréables.

Les charades en action sont aussi abandonnées; il fallait de l'imagination et de l'entrain pour improviser des petites comédies rappelant des acteurs d'un théâtre italien qui composaient le dialogue d'après un scénario.

On se contente maintenant de deviner les charades, anagrammes, énigmes, etc.

Si vous éprouvez de la sympathie pour une personne qui vous paraît avenante, vous faites des avances dans l'espoir d'être payé de retour. Eh bien!... non... on vous glisse le plus souvent la phrase suivante : « *Nous vivons en famille* », ce qui signifie : « Nous nous verrons par occasion, en nous rencontrant. »

Il est vrai que la vie de la multitude, après les occupations journalières, se passe en plein air.

Remarquez cette foule marchant en file sur les boulevards ; elle envahit les cafés, son plaisir est de voir passer ses semblables, plus ou moins insignifiants ; la mode même est de dîner dans la rue, et vous pouvez inviter votre chien.

Si le petit bourgeois a renoncé à ses soirées intimes, les journaux de la fashion ne cessent de nous relater les grandes soirées données par l'aristocratie, les riches étrangers et les financiers, ceux qu'on nomme le *Tout-Paris* et qui se retrouvent partout dans leur milieu.

LA MUSIQUE PARTOUT

QUELLE EST LA RAISON ?

Les concerts sont les principaux éléments de toutes les réunions du high-life.

Jamais la musique n'a eu autant de vogue. Pendant les repas donnés par les premiers restaurants, on entend de la musique. Elle dispense de converser au hasard de la fourchette.

« L'esprit gaulois a-t-il donc disparu ? » s'écrie le vieux Parisien.

Ayant traduit ses idées, je lui réponds :

« Le fin causeur n'a pas disparu, seulement il est moins communicatif. La musique place le public sur un terrain neutre, elle épargne des discussions oiseuses et de mauvais propos; il faut dire qu'elle est un voile pour cacher le peu de ressources que des auditeurs trouveraient pour soutenir une conversation, ils ne comprennent pas les morceaux qu'on exécute, mais, pour se donner de l'importance, ils battent la mesure avec leurs doigts et leurs têtes, tout en pensant à leurs affaires particulières. »

Si le vieux Parisien critique le présent d'une manière trop acerbe et regrette le passé, c'est tout simplement qu'il regrette sa jeunesse.

Il devrait, comme un juge impartial, mettre dans la balance de sa raison le bien et le mal; il n'envisage que le mal. Le bien ne mérite-t-il pas d'être apprécié?

PARIS, CAPITALE DU MONDE

VITALITÉ DES FRANÇAIS

Paris est pour l'univers un mot magique; tous les peuples veulent connaître notre capitale. Pour exciter un tel désir, une telle curiosité, il faut qu'elle ait des droits à exercer ce prestige.

Il faut d'abord avouer que la nation française est douée d'une vitalité extraordinaire, pour avoir résisté depuis un siècle à toutes les révolutions, à toutes les guerres, à tous les mauvais gouvernements qui l'ont déchirée. Son patriotisme et son courage l'ont aidée à recouvrer la suprématie.

Notre pays a toujours été bouleversé par des ambitieux, ne songeant qu'à s'emparer des places ; cependant, pour être populaires, il leur a fallu faire marcher le progrès en améliorant le sort des prolétaires.

Nous avons donné à l'Europe le signal d'une rénovation libérale, des nations ont adopté nos principes sans secousses révolutionnaires et n'ont pas songé à changer la forme du Gouvernement.

Paris, la ville des plaisirs et de l'industrie, possède des merveilles de tous les genres : les découvertes de la science, la splendeur des musées, les beautés de l'architecture, les chefs-d'œuvre artistiques et littéraires ; exceptons une certaine *littérature malsaine, ordurière*, qui pervertit la pureté du goût et le sens moral de la nouvelle génération.

On s'habitue si bien à un langage baroque et décolleté ; des dames du monde ne craignent pas de courir entendre les artistes qui débitent avec talent des mots risqués.

AURONS-NOUS LE KRACH DU MATÉRIALISME ?

LA VÉRITABLE PHILOSOPHIE

L'inconstance de la mode et l'amour du changement en France apporteront, dit-on, une réaction. Espérons que ce sera au tour du *matérialisme* d'avoir un krach.

Si les espérances d'un changement salutaire ne se réalisent pas, les esprits d'une essence raffinée, simples spectateurs de la comédie humaine qui tourne souvent au drame, verront avec sangfroid et une indulgente pitié toutes les sottises, toutes les folies et les succès obtenus surtout par la lubricité. Ils se glorifieront de n'être pas *de leur siècle*, mais bien au contraire de planer au-dessus de lui. Telle est la vraie philosophie !

L'AVENIR

Trouvera-t-on le moyen de se débarrasser des voleurs, assassins et anarchistes ? Les pessimistes nous menacent de la guerre. Guillaume II, pour détourner le socialisme, est capable de rompre la paix armée, se confiant à *Dieu* qu'il appelle le *vieux Monsieur*, protégeant spécialement la Prusse. « Si nous avions eu un roi, disent les royalistes, on aurait été encore plus certain d'une alliance en action avec la Russie. » La République est aujourd'hui trop engrenée pour y penser ; mais il faut nommer des députés plus capables de la gouverner. Espérons que les oiseaux de mauvais augure se trompent et que les partis s'entendront mieux pour rendre à la France son ancienne influence politique.

CHAPITRE XIX

La femme légère fin de siècle et de tous les siècles. —
Le bonheur d'un bibliophile. — L'intelligence. —
Les contrariétés. — L'amour-propre.

LA FEMME LÉGÈRE FIN DE SIÈCLE

ET DE TOUS LES SIÈCLES

Une demoiselle ou dame, comme vous voudrez,
ne décourage jamais ses adorateurs et reçoit également
leurs présents. Elle lance une œillade à l'un,
sourit à l'autre et adresse une parole tendre au troisième ; elle les entretient dans le feu sacré, ce n'est
pas celui des vestales romaines, soyez-en persuadés.
Lorsqu'un des amoureux exprime un sentiment de
jalousie, elle lui dit pour le calmer :

« Je ne veux pas être soupçonnée de vous avoir
pour favori ; c'est donc pour dérouter les mauvais pro-

pos que je m'efforce d'être aussi aimable avec vos ri-
vaux qu'avec vous. Gardez-moi le plus grand secret,
car je tiens à ma réputation. »

LE BONHEUR D'UN BIBLIOPHILE

En lisant les œuvres d'un auteur mort, ou plutôt
disparu, le bibliophile savoure les délices de l'esprit ;
ses meilleurs amis semblent lui parler, conversation
spirituelle, pleine de charme ; il donne surtout la
préférence aux auteurs anciens, il peut les parer d'un
visage en rapport avec leur génie.

Il a une quantité de livres qu'il ne lit pas et qu'il
ne lira jamais ; il regarde les reliures ; ce sont de
simples connaissances ; il est flatté d'avoir une grande
bibliothèque ; les autres livres, ceux qu'il lit, sont ses
vrais amis.

L'INTELLIGENCE

L'intelligence peut devenir une arme à deux tran-
chants, c'est comme la main qui accomplit les plus
nobles travaux et qui se sert d'un poignard pour
tuer.

LES CONTRARIÉTÉS. — L'AMOUR-PROPRE

Combien de contrariétés viennent journellement troubler notre vie déjà si fragile. Je me borne à citer les déboires de l'amour-propre chez des hommes de science et de lettres; si le public les dédaigne, ils se disent et se voient incompris. Quelques-uns même finissent par avoir la folie de la persécution. Qu'est-ce donc que l'enthousiasme momentané d'une masse stupide? Qu'est-ce donc que l'amour-propre froissé en comparaison des malheurs qui nous menacent et de la mort qui guette sa proie.

Cependant, dans mainte circonstance, l'amour-propre est le mobile de la plupart de nos actions; c'est un stimulant dans les sciences, les arts et l'industrie; il enfante de belles et bonnes actions. Ne prenant pas l'Evangile à la lettre, je suis d'avis qu'on proclame les bienfaits pour en donner l'exemple et amener la mode de secourir soi-même les malheureux, car, on assure que l'*Assistance publique* ne remplit pas toujours sa mission d'une manière consciencieuse.

Si l'amour-propre vous excite à perpétuer votre nom, par exemple en élevant une chapelle, établissez plutôt un jardin public, le nom de son fondateur sera conservé, tandis que la chapelle pourrait être détruite dans une tourmente révolutionnaire.

CHAPITRE XX

Les conservateurs. — Un théâtre modèle

LES CONSERVATEURS

Les conservateurs que les radicaux appellent bien pensants, sont parfois très mal agissants, étant en contradiction, dans leur conduite, avec l'opinion qu'ils professent. Ils sont indignés des insanités dont les journaux et les livres sont remplis, ils s'empressent de les acheter et contribuent à la fortune et à la réputation des écrivains qui habituent le peuple à trouver naturel le dévergondage des mœurs. L'amour des jouissances l'emporte sur toute autre considération, ils s'inquiètent peu si leur conduite devient nuisible; on est porté à croire qu'ils répètent les paroles attribuées à Louis XV et à Mme Dubarry : « *Après nous, la fin du monde !* »

Les favoris de la fortune ne possèdent pas toujours la richesse du cœur en pressurant leurs locataires ; quelques milliers de francs de moins ne changeraient pas leur position et feraient des heureux.

Ne voulant s'imposer aucune privation, ils payent plusieurs fois la valeur des articles que des marchands cupides mettent à un taux exagéré.

Ils devraient imiter les habitants d'une petite ville d'Angleterre :

Les épiciers avaient augmenté le sucre sans motif plausible, les principaux négociants s'engagent à boire leur thé sans sucre aussi longtemps que le prix normal ne sera pas rétabli. Une semaine après, la diminution avait lieu.

UN THÉATRE MODÈLE

J'ai rêvé une salle ayant la forme d'un cirque avec des places bon marché : une rangée de loges à trois francs, une seule galerie à deux francs, et le parquet à un franc ; tous les spectateurs seraient bien placés. Les actionnaires seraient dans une situation aisée et amateurs du théâtre. Au lieu de penser aux bénéfices, ils calculeraient, tout d'abord, le maximum des frais. Ce ne serait donc pas une spéculation, mais une œuvre utile qui, pour les bailleurs de fonds, ne reviendrait pas plus chère que d'autres distractions ; on aurait un théâtre de bonne société, on y représenterait des chefs-d'œuvre oubliés de différents théâtres tels que : le *Chevalier à la mode*, la *Petite Ville*, l'*Homme gris*, la *Visite domiciliaire*, etc. Les nouvelles pièces seraient jugées par un comité impartial devant lequel, l'auteur, comme jadis, lirait son ouvrage.

On aurait une troupe d'ensemble sans employer le charlatanisme et sans obéir aux exigences d'une étoile.

Mon idée au sujet d'un *théâtre modèle* va, j'espère, se réaliser avec une seule personne, un Américain héritier de plusieurs millions ; il aime la France et le théâtre. De plus il trouve absurdes ses concitoyens qui donnent à des artistes étrangers des sommes fabuleuses, c'est de la folie. « Comme on ferait du bien, s'écrie-t-il, avec les deux tiers des dollars qu'on prodigue à une cantatrice pour l'entendre deux heures, tout au plus ! »

Si l'Américain tient sa promesse, nous aurons bientôt un théâtre modèle vraiment populaire.

On y fera renaître la comédie en deux actes contenant une intrigue intéressante sans longueur.

FIN

TABLE DES MATIÈRES

PREMIÈRE PARTIE

CHAPITRE PREMIER

Les chevaliers de la plume . . . . 5 à 8

CHAPITRE II

La dépravation. . . . . 9 à 11

CHAPITRE III

Anniversaire du 14 Juillet . . . . 12 à 14

CHAPITRE IV

Le délire des moutons de Panurge . . . . 15 à 17

CHAPITRE V

Évolution théâtrale. . . . . 18 à 19

CHAPITRE VI

Le Théâtre-Français. . . . .   20 à 21

CHAPITRE VII

Décadence du théâtre en province. . . . .   22 à 23

CHAPITRE VIII

Étude de mœurs. — Une princesse de brasserie.   24 à 26

CHAPITRE IX

Les impolitesses de notre époque. — Les cafés-
concerts . . . .   27 à 30

CHAPITRE X

Comparaison entre deux chansons. . . . .   31 à 36

CHAPITRE XI

Le mensonge incarné . . . .   37 à 39

DEUXIÈME PARTIE

CHAPITRE XII

La poésie de la vie. . . . . 41 à 44

CHAPITRE XIII

UN TOURBILLON DE PENSÉES

Les deux premières pensées, par Armand Hayem. — Notre cerveau. — Diverses. — Les riens. — Mots populaires. — Mme de Sévigné. — Le paysan. — Les enfants trop gâtés. — La mode. — Après. — Le miroir. — Les vieilles lettres. — La moitié. — Les nuages. — Friandise et coquetterie. — La valse. — La passion des femmes. — Excès de sensibilité. — Les tentations. — Le docteur Charles Masson. — Remède efficace. — Un quatrain chef-d'œuvre. — Auguste Vitu. — André Pezani. — L'homme d'esprit et la bête. — Bien avec tout le monde. — L'Etat débiteur de l'Eglise. — La foire aux mémoires. — *Petits mémoires* de Jouhaud, auteur de six cents pièces. — Le bonheur   45 à 59

CHAPITRE XIV

La religion de Victor Hugo. — Erreur d'Octave Feuillet. — La véritable comédie . . . . 60 à 62

CHAPITRE XV

Le krach agricultural. — Le déclassé. — Conseil de l'économiste Malthus. — Les soi-disant patriotes. — Napoléon Ier. . . . . 63 à 64

CHAPITRE XVI

LES POURQUOI

L'Académie française. — D'Ennery. — Députés et professeurs. — Collèges de femmes. — Ouverture des bureaux de théâtre. — Division des lots. — Suppression des fortifications. — Les complices en amour. — Un testateur intelligent.—Purgez donc Paris !—Les protestants sont-ils dans le vrai ? — Le jeu, le vin et les femmes. — La passion préférable. — Avantage de la laideur. — Le cumul. — Électeurs trop jeunes . . . .   65 à 72

CHAPITRE XVII

LE KRACH RELIGIEUX

Le savant libre-penseur. — Réponse du Père Lemoigne, jésuite. — Sermon en quelques lignes. . . . .   73 à 75

CHAPITRE XVIII

L'ENVERS DE PARIS

Regrets d'un vieux Parisien. — Les dangers de la rue. — Une deuxième armée du salut. — Loi favorable au vol. — Krach social de la bourgeoisie. — Méfiance continuelle. — La musique partout. — Quelle est la raison ? — Paris, capitale du monde. — Vitalité des Français. — Aurons-nous le krach du matérialisme ? — La véritable philosophie au-dessus du siècle. — L'avenir. .   76 à 84

CHAPITRE XIX

La femme légère fin de siècle et de tous les siècles. — Le bonheur d'un bibliophile. — L'intelligence. — Les contrariétés. — L'amour-propre. . . . .   85 à 87

CHAPITRE XX

Les conservateurs. — Un théâtre modèle . . . . .   88 à 90

3-92 814. — Paris. Typ. Monnis Père et Fils, rue Amelot, 64.

Une partie des Ouvrages d'ADOLPHE POUJOL

La Visite domiciliaire, 1 acte (au Gymnase).
Le Château de Verneuil, 5 actes (à la Gaîté).
L'Amour et l'Honneur (Théâtre Moderne).
Les deux Baigneuses de Dieppe (Théâtre de Dieppe).
Le Meurtrier royal, 3 actes, drame tiré de Lord Byron.
La Reine Fantôme, avec Théodore Barrière.
Je suis morte (drame).
Marie Stuart (monologue).
Monsieur Jean.
Les Hypnotiseurs (Bordeaux).
Les Arguments de Lucrèce.
L'Art de gouverner les femmes.
La Maladie d'Azor.
Un Amoureux électrique.
A laver la tête d'un âne.
La Boîte d'Edison.
Le Roi Bébé.
Il n'y a point de folles amours.
Les Confidences d'un perroquet.
Le Chaos.
Les Comédiennes d'aujourd'hui.
La Canne du Tambour-Major
Les Domestiques incohérents.
Les Casquettes de mon parrain.
La Cocotte à l'aile coupée.
Divorcez ou la Femme à deux maris.
Le Docteur Johnson.
Le Démon de l'argent.
Les Dangers de la valse.
Une drôle de Marquise.
Je veux me distraire.
Le 10 décembre.
Une Emotion à travers une serrure
Un Jobard de tous les temps.
Mon Bonnet de nuit.
La Lumière dans les ténèbres.
Un Mari en location.
La Nymphe de l'Opéra.
A l'oiseau son nid.
Elle l'ôtera, elle ne l'ôtera pas.
Un Mari incomplet.
Un Prince de théâtre.
Le Portrait impossible.
Le Démon en voyage.

La Pâtissière de Darmstadt.
Picotin ou les Suites d'un bon déjeuner.
Une Révolution dans les idées.
Les Remords d'un assassin.
Le Secret du bonheur.
Un Spécifique contre l'amour.
Timide en amour.
Les Tisons sous la cendre.
Le Tribunal d'un époux.
Les deux Turcs.
La Trichinose.
La Vengeance d'un revenant.
L'Escapade de la générale.
Avis aux maris trompés.

Romans
Nouvelles sans longueurs
Conférences

Le Cimetière d'Ivry, avec M. Heuzé directeur de la *Correspondance littéraire*.
Petits Mémoires curieux d'Auguste Jouhaud, terminés par Ad. Poujol.
Voyages intimes et pratiques, Vie et Aventures d'un homme sensible
La Folie d'écrire, mœurs fin de siècle.
Un Cas de conscience.
Un Mari de l'autre monde.
L'Aumône de l'ouvrière.
Une Demoiselle en loterie.
Les Diamants de la Couronne.
Le Médecin sourd-muet.
Je sais tout
Un Trio de chefs-d'œuvre.
Les Points sur les *i*.
Le Château de la mort.
Les Mariages américains.
Jane Patrick.
La nouvelle Cendrillon.

Théâtre de la jeunesse

Un premier pas dans le monde.
Les deux Roses.
Le Dernier des Stuarts.
Le Cœur d'une Fille.
Le Fils du pêcheur.
La Comédie des fleurs.

3-92. 814 — Paris. Typ. MORRIS Père et Fils, rue Amelot, 64.

www.ingramcontent.com/pod-product-compliance
Ingram Content Group UK Ltd.
Pitfield, Milton Keynes, MK11 3LW, UK
UKHW020326130726
13696UKWH00003B/1170